AF283913

Contextual (MicroLSD 1)
Micro Libros Sobre Diseño

Editado por Lucas Muñoz Muñozy Joan Vellvé Rafecas
Conversación grabada por Lucas Muñoz Muñoz y Joel Blanco
© 2019 Amsterdam
En conversación con Formafantasma (Andrea Trimarchi, Simone
Farresin) y Koen Kleijn
Dirección Creativa y Diseño Gráfico de Tauras Stalnionis
Proyecto de Lucas Muñoz Studio

© 2021-23 Madrid - Barcelona - Eindhoven - Paris - Berlin

Tipografías:
Arial © Monotype Corporation, 1982
Raleway © The League of Moveable Type, 2010
Didone © Santiago Orozco, 2011
ᗷᗩᑎᗪOᛕᗩᑎ © Tauras Stalnionis, 2020
BioRhyme © Aoife Mooney, 2016
Fondamento © Brian J. Bonislawsky © Astigmatic, 2011
Times Roman © Stanley Morison, Victor Lardent © Monotype, 1932

Agradecimientos:
A Charlotte André, Berit Levy, Clémence Joly, Inés Sistiaga y todxs
quienes lo habéis hecho posible a través de la campaña de microme-
cenazgo en Verkami.

Bartlebooth
www.bartlebooth.org
© 2024, Lugo

ISBN 978-84-127165-7-3
Dep legal LU 88-2024

CONTEXTUAL

Lucas Muñoz y Joel Blanco
en conversación con
Formafantasma y Koen Kleijn.
Amsterdam, 2019.

MicroLSD tiene un vocabulario (tipo)gráfico propio que hemos creado a traves de una serie de símbolos y recursos de maquetación que irás encontrando a lo largo de los textos.

Paisajes sonoros

Al transcribir estas conversaciones nos dimos cuenta de que el contexto en el que ocurrieron aporta su propia identidad sonora y hemos querido hacerla presente a través de una capa de texto que en ocasiones encontrarás entre líneas [y entre corchetes].

Dinámicas del diálogo

Encontrarás frases entre frases o incluso frases que se pegan a otras. En una conversación abierta y relajada es normal que unos se pisen a otros, o que haya frases de alguien que se cuelen entre las del que está hablando. Para nosotros eso es algo bello que se pierde al transcribir un texto, e incluyéndolo hemos querido celebrar la ligereza y espontaneidad que caracteriza a una charla.

Temáticas irrelevantes

Al charlar distendidamente entre amigos o colegas de profesión es común que los tópicos se vayan hacia lugares más privados o se hable de personas conocidas en común que no se encuentran presentes. Para no despistar al lector hemos hecho desaparecer esas partes de la conversación y hacer emerger de nuevo el diálogo cuando vuelve a ser más universal. Sin embargo, las frases ingeniosas o los pensamientos interesantes los hemos dejado visibles.

Símbolo errático

Este símbolo comparte icono con el de corriente alterna y nos ayuda a entender que la persona que habla ha pensado y —quizás— dudado cómo continuar su argumentación.

Hemos creado este elemento para respetar el carácter líquido e improvisado que caracteriza a una conversación, evitando con ello editar las palabras y no-palabras de nuestro participantes.

~ Sencillo   ~~ Doble   ~~~ Triple

Pausas

En toda conversación ocurren silencios, pausas o lapsos en el diálogo o en la línea de argumentación. Para esto hemos creado este símbolo, que nos sugiere tiempos de silencio, momentos de reflexión, quizás, o simplemente descansos.

Pausa Sencilla   Pausa Doble

Risas

Y reímos, cada una con su tipografía, así:

:D Lucas Muñoz
:D Joel Blanco
:D Andrea Trimarchi
:D Simone Farresin
:D Koen Klein

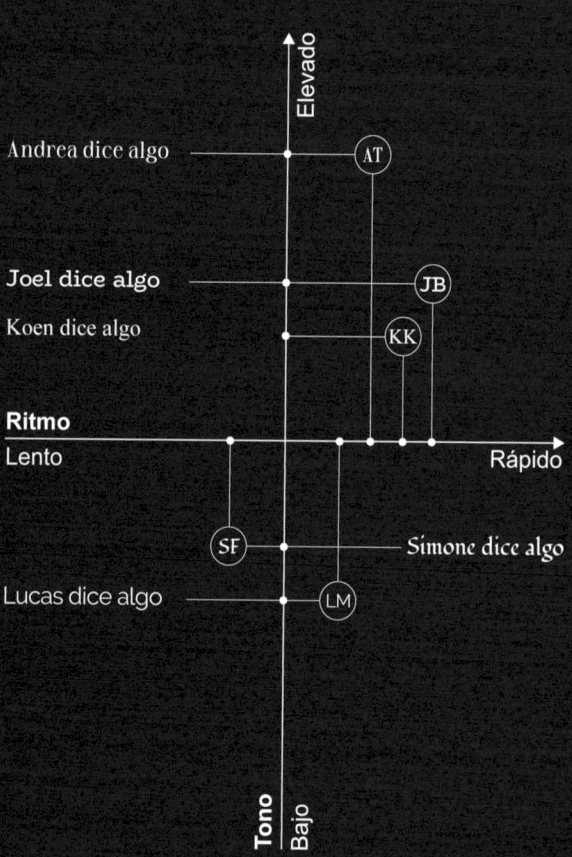

(AT) Soy Andrea Trimarchi y junto a Simone Farresin fundamos Formafantasma en 2009. Formafantasma es un estudio de diseño basado en la investigación que explora las fuerzas ecológicas, históricas, políticas y sociales que moldean la disciplina del diseño hoy.

(SF) Soy Simone Farresin y junto a Andrea Trimarchi fundamos Formafantasma en 2009. El propósito del estudio es facilitar un entendimiento más profundo de nuestros entornos construidos y naturales, proponiendo intervenciones con poder de transformación a través del diseño y sus posibilidades materiales, técnicas, sociales y discursivas. Durante muchos años el estudio estuvo radicado en Amsterdam y ahora nos encontramos de vuelta en Italia, en Milán, disfrutando del sol, la pizza y el mandolino.

(KK) Hola, soy Koen Kleijn, historiador del arte. Trabajé en la Design Academy Eindhoven como twutor de tesis en uno de los másteres entre 2009 y 2019. Ahora soy el editor jefe de la revista mensual *Ons Amsterdam*, dedicada a la historia de la ciudad, y he sido tambien crítico de arte en el semanal De Groene Amsterdammer desde 2004. Soy aficionado al whisky, intento que me crezca una buena barba, juego un poco al pádel y voy al trabajo en bicicleta.

(LM) Yo soy Lucas Muñoz Muñoz, trabajo en el campo del diseño como creador de objetos y espacios interiores. Además, extiendo mi curiosidad hacia proyectos de investigación sobre los objetos, sus creadores y usuarios a través de documentales o esta colección de libros.

(JB) Hola, soy Joel Blanco, diseñador que escribe y hace presentaciones en Google Slides más que diseñar e investigador de tendencias. La *season* pasada estuve en Platino en el League of Legends porque alguien *hackeó* mi cuenta. Últimamente estoy involucrado en proyectos de consultoría de futuros, comisariado y haciendo jajas a través del arte. Mencionar que tengo mejor barba que Koen.

Esta conversación ocurrió un soleado mes de septiembre en Ámsterdam, en 2018. Hace ya unos años de esto y mucho hemos evolucionado cada uno de los participantes. Poco después cayó una pandemia global, a la que nos conforta culpar del retraso del lanzamiento de esta primera edición de MicroLSD. No obstante, confieso que muchos otros motivos se han ido sumando a que este documento llegue hoy a tus manos y no entonces.

Sin embargo, la frescura del contenido sigue siendo relevante y, sabiendo hoy lo que han crecido desde entonces Formafantasma (Andrea y Simone) o Joel como profesionales, hace que este documento adquiera un valor de retrato del momento en que estas figuras se encontraban en un estado previo al que hoy representan. Koen es otra historia, él siempre fue para cada uno de los que nos sentamos a esa mesa un referente de conocimientos, bromas y, en general, maneras de entender que dan en la diana con líneas de pensamiento oblicuas pero certeras. Él fue tutor de tesis de cada uno de nosotros, por separado en diferentes años, del Máster de Contextual Design en la Design Academy Eindhoven.

El día en que tuvo lugar esta conversación, de aproximadamente tres horas, Joel y yo llegamos en avión desde Madrid, alquilamos una bicicleta para los dos y cargando a mi amigo en la bandeja trasera cruzamos en ferry las aguas que separan Amsterdam Centraal de la zona Noord. Pedaleando yo y sosteniendo Joel las dos botellas de vino blanco español compradas en el aeropuerto, llegamos al estudio de Simone y Andrea con una gotita de sudor en la frente y algo de sueño, pero contentos de estar sacando adelante este proyecto editorial. Por aquel entonces ellos vivían allí, en el estudio, en la parte de arriba y con una sensación de recibirnos en su casa nos sentaron en una mesa de una sala de reuniones común al edificio. Esperamos unos minutos a Koen, pusimos las grabadoras a funcionar y dejamos que la amistad, los amigos y contextos comunes y las anécdotas de nuestras experiencias como diseñadores y seres humanos tejieran el texto que aquí os transcribimos.

Esta conversación es poco posterior a la graduación de Joel con su donut gigante —metáfora material de lo vacío del diseño en su interior y lo atractivo de su exterior—. Es previa a las grandes colaboraciones de Formafantasma con la National Gallery Victoria y su Ore Streams, muy cercana a su colaboración con Serpentine Gallery Londres y la exposición *Cambio,* y un par de años antes de que montasen el master de GEO Design en la Design Academy Einhoven. Koen había dejado de ser tutor en la academia muy poquito antes, y desde entonces ninguna otra alumna o alumno ha recibido su consejo no ortodoxo, como tuvimos la suerte de compartir Andrea, Simone, Joel y yo en diferentes años. En mi caso, el momento de la conversación me pillaba en el año que iba a recibir el encargo del proyecto MO de Movimiento, que haría que volviese a Madrid y pudiese, entre otras cosas, encontrar el momento vital y profesional que me lleva hoy a firmar estas líneas. Pero eso no lo sabía entonces.

SF

Preferimos pensar en el trabajo como trabajo ~ creo que esto es lo que fundamen-
talmente tratamos de hacer, y quizás es
porque somos una pareja... pero hay algo ~
existe una narrativa dentro del diseño y en
general dentro de la creatividad, y lo que la
gente piensa que es la creatividad ~ se dice
todo el rato "oohh ¡hacemos un proyecto
y nos divertimos!". Quiero decir, está claro
que disfrutamos con lo que hacemos, pero
es trabajo, y como trabajo tiene todas las
obligaciones y   connotaciones
que el trabajo debe tener y que no son necesariamente divertidas,[si] ya sabes   (LM)

¿Fue siempre así?[si] Tengo que decir   LM (SF)AT
que sí ~ quiero decir, hay una parte
de disfrute, por supuesto, de lo contrario no lo haríamos, pero creo que es
muy   limitada la parte en la
que realmente estamos disfrutando del

MLSD[1]

proceso. Quizás es en la última parte, cuando las cosas suceden de verdad ~ pero pienso que todos los intermedios son, en su mayoría, dolorosos

SF **Bueno, la diversión está ahí, pero hasta llegar al punto de decir que es DIVERTIDO... yo me divierto haciendo algo estúpido, pero prefiero hacer cosas estúpidas ~ no con**

(todos) **el trabajo...** :D :D :D :D :D **estoy seguro de que incluso cuando tú hiciste tu proyecto de graduación ~ quiero decir, puede que pareciese muy gracioso y divertido, pero**

JB **seguro que hubo muchos** ~~~ **eso fue**

(todos) **todo un viaje de sufrimiento**:D :D :D :D

SF ¡¡Sí, exacto!! ¿verdad? ~~ Así que, cuando haces este tipo de trabajo, hay algunas personas que dicen: "buah, es genial lo

KK que hiciste... es divertido" y así ¿Cómo os organizáis? Sois pareja ¿y luego vais a traba-

AT jar? Somos increíblemente organi-

(LM)SF zados^{si?}¡Él es increíblemente organizado! :D :D

KK Me refiero a la interacción

AT Bueno, somos profesionales ~ más o

SF menos, a veces no ~ **no somos todavía realmente profesionales, somos todavía un**

AT **poco desordenados pero**Claro, tratamos, en realidad, de dividir el momento en el que trabajamos y en el que somos una

pareja ⁓⁓ intentamos establecer tiempos muy específicos durante el día. Empezamos a partir de las nueve y máximo trabajamos hasta las seis y media, y luego, ya sabes: yo voy al gimnasio, mi gimnasio, él va al suyo ⁓⁓ por la mañana simplemente nos levantamos y bajamos y nos ponemos a trabajar ⁓⁓⁓ tratamos de dividir el momento de trabajar y vivir.   Pero ¿dentro del   KK
trabajo cuál es la rutina?   Ahhh eeehhh   AT
Eso es orgánico   Sí, eso es bastante orgá-   SF (KK) AT
nico   No es en plan: "tú haces la lámpara y   KK
tú...". ¡No...!   No, pero hay cosas que   SF
sí nos dividimos ⁓⁓⁓ no sé, yo tiendo a
hablar más en público, y él tiende a cuidar
más,   por ejemplo,la comunicación, por
lo que no es realmente una forma pragmática de dividir el tiempo ⁓ pero en lo que se
refiere al trabajo siempre trabajamos juntos
Entonces, ¿es un diseñador con cuatro manos?   KK
¡Sí!   ¡Siempre decimos que quizás, en   AT SF
total, formamos un buen diseñador entre
los dos! :D :D :D :D :D   Y alguna pieza   (todos) AT
falta,   sin duda...ˢⁱ ᐟᴰPero también es   (KK) SF
cierto que ESTAMOS trabajando juntos
porque nos conocimos ⁓⁓⁓ siempre pensé
en dejar el diseño, porque no me gustaba

MLSD[1]

lo que hacía en Italia ~~ en el grado ~~ no estaba interesado para nada en el diseño en los años noventa en Italia. Y ahí fue cuando

AT **nos conocimos**Bueno, yo creo que ni si-quiera estaba interesado en el diseño

SF **Muy bien, vale, pero se podría decir que**

AT **te identificabas dentro del diseño**Eeehhhh, creo que fue un poco al azar, pero sí, lo estaba ~~~ Empecé arquitectura antes de empezar diseño. Y luego pensé que había demasiada gente allí y que quería encontrar un campo donde quizás hu-biese menos gente^{:D} ~~~ La arquitectura daba miedo, estudié en Florencia y en cada clase éramos setenta u ochenta

LM por aula, por clase**Probablemente con**

(AT)todos **una acústica terrible** ^{isI}:D :D :D :D :D ~~

AT así que creo que necesitaba volver a una escala más humana y pensé que el diseño tenía esa cualidad ~ y también el enfoque que teníamos en Florencia en ese momento fue lo que más me atrajo, de alguna forma estaba mucho menos relacionado con el diseño de produc-to y más con las ideas ~ la Escuela de Diseño a la que asistimos en Florencia fue fundada por algunas de las perso-nas del movimiento radical, en los años

setenta... **Por algunos de ellos** Si, por SF AT
algunos, pero eran los noventa, con lo
que ese radicalismo se había ido

Pero eso no lo sabíamos :D ¿Qué era SF JB
lo que no os gustaba?

Que había una completa falta de SF
comprensión ~~~ estaba demasiado basada
en el producto, y menos en la visión holística de lo que el diseño es: cómo se cruza
con la vida de las personas, pero también
con la economía, la política, la ecología... Se
trataba -no para todos los mentores, seamos claros-, pero tendía a volverse mucho
más tradicional y a estar mucho más orien-
tada al producto^{si} había perdido por com- (AT)
pleto muchos aspectos por los que
verdaderamente el diseño era interesante o
lo que interesaba del diseño italiano ~~~ ya
sabes: la actitud política de Enzo Mari, o
las visiones posmodernas de Memphis o
Alchimia ~~~ Aquellos eran, en cualquier
caso, a pesar de parecer raros y atractivos,
extremadamente, en cierto modo ^{reflexivos...} sí, (LM)
conceptuales y reflexivos ~~ Los propios
radicales que enseñaban allí, pensaban en
la arquitectura y el diseño como una forma de ver las cosas complejas con una visión mucho más holística ~~~

MLSD[1]

y es por eso que vinimos a la Academia de Diseño de Eindhoven ~~~ De hecho, antes ~ nos conocimos... y andábamos viajando... mucho y holgazaneábamos, veíamos el mundo y tal, y ahora, cuando lo pienso, me doy cuenta de que estábamos hablando de diseño todo el rato. Pero no de la manera que nos enseñaron a hablar de diseño, (Vino blanco sirviéndose) sino en nuestra propia forma, que es mirando y entendiendo la contribución que los objetos o las cosas aportan

KK a nuestra vida ¿Os entendíais ya entonces como una sola entidad? ¿Con

SF AT un nombre? Sí... Bueno, eso fue bastante… ~~~ tengo que decir que no es que aquello estuviese muy pensado ~~ Quiero decir que al principio intentábamos simplemente empezar a trabajar juntos, no es que tuviésemos un plan más grande ~~ al menos al

(SF) principio ya... cuando estábamos en Floren-

KK cia. Ya, pero a vosotros se os recuerda porque os presentasteis juntos en Eindho-

SF ven con un portafolio Al principio no fue como si...

AT ¡No sabíamos que fuese extraño!

SF No pensábamos que fuese extraño, no ~~~ veníamos de una experiencia en Florencia,

donde ~~ piensa en los radicales, en Italia,
en los setenta, todos trabajaban en gru-
po~~ Para nosotros era normal y luego muchas veces (AT)
se nos había pedido trabajar en colectivo
~~~ era, en cualquier caso, una
forma de concebirlo, el diseño, de una
manera interesante ~~~ para hacer un co-
che hace falta la colaboración, ingenieros,
diseñadores y demás ~~~ ese aspecto estaba ahí todo el tiempo ~~~ estábamos de
alguna manera forzados a verlo así y para
nosotros vino de forma natural hacerlo así
~~ y sí, como dijiste, vinimos a Eindhoven
como un dúo, pero en realidad no estaba
tan pensado   ¿Estabas tú allí AT
ya el primer año que llegamos? ¿O fue
el segundo?   Creo que fue el segundo KK
cuando os vi por primera vez ~~~ y la gente
dijo: "¡estos chicos están unidos por la cin-
tura!" :D :D de hecho tuvimos que encontrar AT SF KK
una forma de entrarle a vuestras tesis ~~ te-
níais que ser evaluados individualmente ~~
pero partiendo de la situación de que ¡eran
idénticas! :D :D :D :D :D Eso fue muy estúpi- todos AT
do
Al final os hicimos escribir una introducción KK
a cada uno y esa fue la solución… Hay en la LM
Academia de Diseño de Eindhoven

MLSD[1]

(AT) (SF) algo enfermizo en la manera en que empujan la individualidad[sí, sí]si lo piensas bien diarias.es una profesión muy colaborativa

KK ~~~ pero no deja de haber esta presión individualista   ¿Puedes definir eso? ¿De dónde crees que viene eso?

LM (KK) ¿El empuje hacia la individualidad?[sí, sí] creo que viene de, de intentar hacer… ~~ diría que es casi un mecanismo de

(AT) SF comunicación[aha]No creo que sea sólo en la Academia de Diseño. Creo que, en general, la estructura de la sociedad tiende a

(AT) empujar[a ser más individual]sin embargo, dado que la Academia tiende también a estar estructurada como una educación artística, creo que existe esta idea del individuo,

(KK) el autor[el autor, sí]ya sabes, "el individuo es más importante que el colectivo". Lo cual tampoco es necesario dentro de toda la

AT educación en diseño   Debo decir que ya llevo allí más de diez años y rara vez ves gente graduarse en pareja, incluso personas que después se convirtieron en pareja ‧ no funciona, o al menos no funciona dentro de la educación ‧‧ Tengo que decir que es realmente una lástima, porque de todos modos hay momentos en los que compartes proyectos con tus compañeros, pero no te consideras entonces como un dúo, trío o lo que sea. **Pero también es una** SF **cuestión ~ si piensas en cuánto valoramos, y tal vez con razón, la idea de los derechos de autor, de la autoría, ¿cómo puedes hacer eso? Es una noción que es muy válida para nosotros y quizás menos para una persona china, por ejemplo** yo creo que AT los tiempos son diferentes. Si piensas en los logros a los que llega, por ejemplo, Forensic Architecture, sí, sí, sí, aha, uhum que son ~ (todos) bueno, por supuesto hay un fundador ~ pero sin embargo se trata de una práctica colectiva ~ o un conjunto ~~ ¡ya no es el momento de...! ~~~ ¡bueno, no voy a decir que ya no es el momento! Por supuesto, también es momento de diseñadores individuales ~~ pero pienso, veo, que hay mucha más necesidad de que de que haya más acercamiento

Yo también lo creo… no sé si tenemos KK tiempo para esto, pero estoy escribiendo algo sobre un edificio que está al lado del Concertgebouw, en Ámsterdam, fundado en 1908 como una escuela diurna en la que niñas aprendían artes aplicadas. Chicas por supuesto algo más educadas ~~ pero, si no tenías las

MLSD[1]

posibilidades de casarte, no tenías posibilidades de encontrar la independencia, y para eso se fundó esta escuela. Al final de ~ se fusionó con algunas escuelas vocacionales o escuelas de artesanía. En 1939, Mark Stam se convirtió en director del Instituto de Artes Aplicadas (antes Escuela de Dibujo y Artesanía Artística para Niñas) de Ámsterdam. No solo fue el diseñador de la silla cantilever, sino también un comunista frustrado, que había trabajado en la Rusia soviética y en lugares similares :D y todo eso se lo llevó a estos pobres estudiantes, :D :D :D :D :D (todos) y en su primer día, a un chico, un chico de clase trabajadora, que aparentemente era un buen dibujante, de quince años, le dijo: "ok, puedes empezar mañana, trae tu propio lápiz" ~~~ por cierto, fue el mismo día que Hitler invadió Polonia ~~~ :D :D :D :D :D (todos) el instaló esta nueva ética en la escuela que luego ya se quedó allí metida, porque esa escuela se convirtió en la Rietveld ¡ok! ¡guay! ya desde entonces con una dinámica en la que debe desarrollarse mucho la individualidad propia, y no debe haber ningún tipo de jerarquía y ningún tipo de ~~~ creo que la desconfianza sobre el trabajar en grupos o trabajar en cualquier tipo de banda organizada puede venir de ahí ~

quizás sea una tradición muy antigua ~~~ enseñé en el Gerrit Rietveld Academy en Amsterdam y es algo que se me hizo extraño, de alguna manera, el cómo a los estudiantes se les enseña a ser independientes en su autoría ~ y podías ver perfectamente que no eran así en absoluto. Estaban mucho más acostumbrados, digamos, al siglo XXI, donde estás más conectado, inmediatamente, con la gente ~ no tenían esta idea elevada de la autoría ~~~ venían con un espíritu mucho más colaborativo. Pero parece que la escuela estaba tratando de protegerlos de este tipo de jerarquías ~~~ ¡que en realidad ya no existen![no, no, no] así que fue interesante para mí rastrearlo hasta 1939 y ver a esta gente, muy avanzada y, por supuesto, gente ideológicamente muy inspirada, y ver llegar esto en una escuela tradicional de artesanía y diseño (SF)(AT)(LM) KK

Creo que ~~~ estoy seguro, ~~~ bueno, lo que acabas de describir, es un punto muy valioso,   ya sabes, hay por supuesto razones históricas por las que las cosas se forman de cierta manera, - obviamente - pero incluso me llego a preguntar si esto es así sobre, por ejemplo, cómo se acredita el trabajo dentro de la disciplina.[ah si] Si se deja claro de alguna (KK) SF

MLSD[1]

manera o si se deja a la iniciativa de todos
~~ si piensas en trabajos científicos tienes
- por supuesto - todo el tiempo a los científicos acreditando el trabajo de otros. Y en
cierto modo no es un trabajo literalmente
de apropiación, ni nada, pero es más pro-
bable que sea un trabajo que continúe con

(LM) el otro^{si} eso no se hace realmente en el diseño por varias razones - que también en-
tiendo - la cosa es que,   en el
futuro, probablemente cambie un poco en
ese aspecto , porque tengo la sensación de
que hay un poco menos de obsesión por la
individualidad   del diseñador ~ y
también se puede ver, como decías, en algunos grupos de artistas o grupos de dise-

AT ñadores también esto muestra de alguna
manera el límite de la profesión ~~
quiero decir   estamos en un momento en el que DEBEMOS colaborar, DEBE-
MOS reunirnos, DEBEMOS
mezclarnos con otras personas, de lo
contrario   se   acerca
demasiado a la forma tradicional de
pensar el diseño   y
creo que es algo que vendrá sucediendo mucho más ~ lo vemos los dos con
los estudiantes, pero también diría que

con nosotros **te refieres a la relación con** SF
otros profesionales^{si}**con los que trabaja-** (AT)
mos, gente de otros campos ¿no está LM
también relacionado con la velocidad
de lo global y la comunicación y tal ~~
me refiero, hace unos años ~~ ¿no piensas que si estuviésemos hace unos
años, vosotros seríais, probablemente,
diseñadores italianos ejerciendo vues-
tra práctica en Italia...? sí, por supuesto, AT
el hecho de que nos podamos comuni
car más rápido es relevante ~~~ todo se LM
está entrecruzando pero también es que AT
los problemas son más grandes, mucho
más grandes **la consciencia sobre los** LM
problemas también ^{consciencia es más grande}el co- (SF) LM
nocimiento sobre los problemas es
más profundo y hay algo más de luz
ahora al fondo del cuarto oscuro
y en cierto momento ~~ especialmente AT
cuando piensas en la forma tradicional
de pensar sobre el diseño, se trataba
mucho más de pensar en la función de
un objeto y tratar de producir este vaso
de la mejor manera posible y de la manera más rápida, hace veinte años con
la modernidad ~~~ pero creo que ahora ya no es suficiente pensar en esto

MLSD[1]

así{Joel sirve más vino} ah ¡genial! gracias ~~~
perdón ¿de qué estaba hablando?

SF LM AT **sobre la producción y la modernidad** el buen vaso de la modernidad y el vaso de vino ahora del pasado y de que los problemas son más grandes ahora ya no se trata de los vasos ~~~ por supuesto seguimos queriendo tener nuevos vasos, pero creo que los problemas son mayores hoy y el diseño está empezando a (KK) referirse más a esos problemas^{voy a bebérmelo...}

SF KK **o eso esperamos, por lo menos**{Lucas sirviendo vino blanco}¿Cómo es esto? ~~ estoy de acuerdo contigo ~~ estoy contigo ~~ las cosas son demasiado complicadas y grandes y debemos trabajar juntos ~~ pero cómo se relaciona esto con, digamos, el diseño tradicional ~~~ la industria, los intereses{Lucas sirviendo vino blanco} del diseño tradicional, ya sabes, los intereses,

SF **¿cómo se las apañan con esto? Bueno, es una gram pregunta** ~~~ o no lo sé, deberíamos preguntarles a ellos ~~~ no creo que la mayoría de ellos se enfrenten a esto ¡no creo que se enfrente a esto para nada! Creo que todavía están trabajando con los mismos procedimientos con los que siempre han estado trabajando, lo cual es bastante tradicional ~ Quiero decir, seamos

honestos, en cualquier caso, cuando trabajas con una empresa, terminas trabajando dentro de una familia extendida ~~ de
ingenieros y otras posiciones. No creo que
haya encontrado ideas afines dentro de la
industria del mueble - si hablamos de la
industria del mueble - ninguna empresa
que esté realmente interesada en mirar esos
problemas de la gran escala pero en ese contexto es (AT)
también lo más irrelevante dígamos, el cambio cli- SF
mático, producción sostenible... No he encontrado una empresa que realmente esté
pensando en eso. Pero lo que acabas de decir es muy interesante porque te pone en la
situación de pensar en la escala. Por ejemplo, IKEA se ve obligada a pensar en eso,
debido a la escala, o tal vez Apple se ve
obligada a pensar en eso ~ o debería ser
obligado a pensar en ello.   Pero
la industria del mueble no es realmente ~~
nunca ha sido realmente diseño industrial
~~~ ya sabes, siempre andamos usando la
silla y la Bauhaus para hablar de diseño industrial ipero esas piezas nunca han sido
realmente industriales! ~~~ Y es la misma
historia otra vez, todavía usamos los muebles como un lienzo sobre el que discutir la
producción y los objetos, pero los muebles

MLSD[1]

no se producen industrialmente aparte de IKEA y unos pocos más. Si piensas en Moroso, por ejemplo, ¿qué están hacien-

AT LM do? Están atascados... en el bucle un puña-

AT do de artesanos haciéndolos   Sí, pero también son los tiempos de la produc- ción ~~ si pides una silla Vitra -como la que tenemos en el estudio- debes es-

SF perar tres meses. **Bueno, esa es una espe-**

AT **cial** aún así,   la escala de producción industrial relacionada con los muebles

(SF) es ridícula[si] además, si la analizas desde el punto de vista económico, si ves cuánto gana una empresa de muebles al año, no es nada. Comparado con la moda es como ~ realmente ridículo

KK (LM) deberíamos dedicarnos a la moda :D

JB **también depende de la industria de**

AT **moda a la que nos refiramos** ¡Por su-

JB **puesto! la mayoría de las veces, estas grandes marcas ~~~ hacen locuras en las pasarelas y luego obtienen sus in- gresos de la venta de boxers y perfu-**

SF (KK) **mes** **¿Estás hablando de Calvin Klein?**[si]

AT por ejemplo   nosotros   hemos diseñado para algunos desfiles de moda, y es realmente un gran esfuerzo para seis minutos. Y luego la gente está com-

pletamente aburrida y ni siquiera pue-
den aplaudir **pero también es fascinante** [es SF (AT)
fascinante] **y ves las positivas consecuencias de** SF
la velocidad que tienen, porque los diseña-
dores casi no tienen tiempo para pensar,
por lo que las cosas son muy superficiales
a un cierto nivel pero tan instintivas por el
otro. Realmente ves una fusión de cosas
interesantes a veces en la moda y también AT
hay dinero, así que cuando deciden hacer algo, pueden hacerlo. En este sentido, creo que es una industria en la que
si comienzas a analizar los problemas
mayores que tenemos, podrán cambiar
las cosas con mucha facilidad. Y ya lo
ves ahora, incluso en H&M o Zara, que
hace un par de años fueron señalados
como el diablo, trabajando con estas
personas chinas y con unas condiciones y un trabajo horriblemente pagados,
etc. Y han sido avergonzados pública-
mente y han cambiado completamente
cómo producen [con suerte con suerte] **aparentemente,** (SF) (KK) SF
H&M es ahora una de las empresas más
transparentes en la forma en que produce,
estaba en la parte superior de la lista, en
comparación con Hermes, que estaba en la
parte inferior, por ejemplo pero eso tam- AT

MLSD[1]

bién es lo que creo que es increíble de esa industria, que porque tienen ese dinero pueden adaptarse y cambiar fácil-

SF mente **es la escala, es como lo que decíamos antes sobre IKEA, es la escala lo que les**

KK **permite...** Cierto, es lo que dijimos, estos cambios se dan, y los pueden hacer cuando

LM ven que pueden sacar provecho cuando

SF se ven forzados **eso es parte del problema**

KK Tengo un amigo, que trabaja como ~ ¿cómo se llama? ~ Un director de una asociación de empresas en Harvard. De cosas grandes. Y todas estaban atravesando esta especie de transición verde, muy rápidamente, realmente a gran escala, instalando energía solar, ~~~ se iba a dejar totalmente de importar carbón a las ciudades en cinco años ~~~ ¡y es porque

AT pudieron ver que esto es RENTABLE! Pero luego, cuando vas a estas grandes empresas, a estas empresas de muebles y hablas de estas cosas, ni siquiera están
es verdad

(SF) pensando en eso, en absoluto parece que este tipo de tema ni siquiera está tocando a la empresa o a la manera que deberían producir en el futuro **De**

SF **hecho, todavía se basa en gran medida en los diseñadores, si piensas en una empresa de diseño, todavía piensan que se trata de** los diseñadores que trabajan para ellos. No se trata realmente de los procesos o de cómo generan el producto, ¿sabes a lo que me refiero? No se trata realmente de de donde viene la madera o... ¿Dirías que el **JB** proceso es el que no está diseñado? ¿que el diseño es sólo sobre el resulta-do? Sí. Ha de ser el diseñador el que **AT LM** traiga por sí mismo el interés hacia este tema, si él quiere o ella quiere Bueno, **AT** depende por supuesto, contexto, perso-nas parece que estará en sus manos si **LM** quiere hacerlo o no No estoy seguro de **SF** que esto sea necesariamente cierto. Creo que hay una narrativa que crece cada vez más con estas conferencias de "lo que el di-seño puede hacer" (What Design Can DO – Festival) y todo eso ～ creo que el diseño puede hacer muchas cosas, pero necesitas las preguntas correctas. Lo ves tanto a nivel cultural como a nivel empresarial. A nivel cultural, si piensas en la exposición en el MoMA, "el nuevo paisaje doméstico" si los **(LM)** empresarios participaban financiando las contribuciones de los diseñadores, por lo que las empresas financiaban a los diseña-dores para que pensaran ideas visionarias, y eso tuvo no está sucediendo no está sucediendo a **(AT)**

MLSD[1]

menudo, a menos que se convierta en una estrategia de marketing, que es una pregunta muy diferente, o algo así como ⁓ a nivel comercial, si no se tienen las preguntas correctas desde una empresa, como diseñador, no se puede hacer mucho. Puedes poner sobre tus hombros el hecho de hacer

AT ese tipo de investigaciones sociales Pero en el fondo se tratará de, de, ⁓ como de un solo resultado, y lo que creo es que esas empresas deben repensarse ⁓⁓ pongo un ejemplo: hace un par de años, Vitra le pidió a Hella Jongerius que hiciera

(LM) toda la investigación del color^{sí} para la empresa ⁓ Y creo que eso fue muy inteligente, porque era usar el diseño no sólo para hacer un objeto, sino también

(SF) para repensar, en aquel caso, *el color y el material* todo el color y el material ⁓ en ese caso

SF creo que es inteligente cómo Vitra se **io Hella! cómo Hella se las apaña para con-**

AT **vencerles** sí, para convencerles, pero no deja de ser un hecho que ella ya llevaba trabajando para esta compañía diez años. No puedes empezar a tener un impacto en una compañía si no desarrollas una relación con ella, pero eso es

SF también muy difícil porque **todos los**

31

diseñadores, incluso los más históricos, si
los miras, todos ellos tuvieron una relación
especial con UNA compañía si... casi se LM
convirtieron en familia en algún momento   ¡Exacto! y entonces puedes AT
decirles como diseñador, "¡chicos, estáis
haciendo mierda!, ya sabéis, tenéis que
tomar decisiones aquí" Magic y Kons- SF
tantin Grcic; Hella y Vitra,   Patricia
Urquiola y Moroso, incluso en la época
contemporánea se pueden señalar relacio-
nes más fuertes que otras ¿Cuál dirías LM
que es la más contemporánea?
¿En muebles, te refieres? Sí, me refiero AT LM
a una relación empresa-diseñador, en
este momento, ¿fuerte? creo que en este momento (AT)
no veo ¿O es que estamos volviendo a ese LM
punto de la conversación donde las cosas se diluyen, nos estamos convirtien-
do en trabajadores temporales? Para el
tiempo temporal, ¿exposición temporal?   Pienso que una empresa como SF
Vitra, en este momento, está pasándolo
realmente mal para definir sus próximos
pasos. Solo están haciendo shows con sus
piezas viejas, seamos honestos, eso es lo
que hacen   ¿Cómo Vitra? Sí, compa- LM SF
ñías respetables ~ eso es lo que hacen. Creo

MLSD[1]

que tienen dificultades para interrogar a

AT **nuestra generación y entender** ~~ pero

también si piensas en Boroullec, Grcic,

Hella, son una genera-

ción que q u e

está trabajando. Pero si piensas en la

nueva generación, están teniendo más

dificultades para dialogar con ellos.

Creo que nosotros estamos hablando un

idioma muy diferente, entonces es muy

difícil comenzar el diálogo. Estamos tra-

bajando con con algunas

(SF) empresas, ^{si con Flos} con Flos, con Cassina tam-

bién tuvimos nuestras conversaciones

SF hace algunos años **pero nuestra re-**

lación es muy tradicional, y está bien, solo

LM **necesitas entenderla** e insistimos, en

SF el fondo el trabajo es trabajo **¡Sí! y puede**

ser brillante, y honesto a un cierto nivel,

pero no encuentras en esas empresas

algunas de las cosas que realmente nos in-

AT **teresan** lo que pasa es que ~~~ lo que

necesitamos es tener un nuevo Vitra

:D ~ también es ~~~ No sé cómo decir-

lo, pero necesitamos que crezcan nue-

vas empresas, con una mentalidad dife-

AT rente^(alguien silba en el patio)Quiero decir que lo

que acabamos de describir es ~~~ es

como del   del siglo XX casi   ¡Bueno! ¡La palabra gene-   KK
ración apareció! ~ esta es una diferencia generacional si piensas en otros sectores,   AT
como en los medios, están creciendo
muchas nuevas empresas y las cosas
están cambiando. Hay startups y tal. En
el diseño está claro que hay nuevas
empresas, pero en cierto modo son muy
tradicionales, HAY, HEMcreo que esas son   SF
muy anticuadas ·· no en su modelo de ne-
gocios, pero en su resultado, que es muy,
ya sabes, este cliché escandinavo
¡todavía está ahí!   LM
¡que está bien! ya sabes, hará que tu casa   SF
sea bonita :D   no tiene nada   LM
de malo, y creo que IKEA hizo un traba-
jo increíble popularizando el diseño en
muchos   muchos   países, y   (AT)
                            ¡absolutamente!
abriendo nociones de simplicidad, facilidad y logística y demás y demás ~
pero aún así, debe haber ~~~ si hay una
nueva forma de considerar o pensar
una empresa, como vosotros estáis hablando, ¿cuáles son   los nuevos parámetros? Aquí tengo que decir que   AT
para mi se necesita comenzar desde el
nivel del suelo, los cimientos   sí, ¿pero KK

MLSD[1]

SF qué tipo de libros lees para eso? b u e n o , hay algunas cosas que ˆˆˆ podría inventar un ejemplo, y de alguna manera quiero evitar mencionar a una empresa específica ˆˆˆ sí, por ejemplo, tienes una empresa que está muy basada en lo material, en UN material ˆ entonces lo que creo que sería genial sería pensar en un proceso para generar ese resultado, a un nivel más complejo^{ejem} ^{ejem}si tienes por ejemplo una empresa que produce cosas en madera, entonces tal vez llegue un punto en el que sea interesante pensar "¿quizás es hora de poseer el bosque?" Por ejemplo ˆ "¿de dónde viene la madera? cómo se plantan esos árboles, cómo se talan ˆˆˆ ¿estás considerando la

JB biodiversidad? consideras..."¿Estás hablando de capitalizar los recursos?

SF Estoy hablando de tomar medidas

LM Creo que está hablando de centralizar la responsabilidad, en lugar de tenerla

(SF) (AT) desparramada por todas partes ^{Sí sí, sí sí} sucede con el vino por ejemplo. Tienes vinos muy específicos que vienen de un lugar donde la bodega y el lugar donde se prensa la uva son uno, lo llamamos Pago en el norte de España, y es una de las bellezas de esos vinos. Está total-

35

mente controlado y es limitado, inevitablemente limitado. Luego, otros, compran uvas de aquí y de allá y las prensan efectivamente, de hecho, quería AT
agregar dos cosas. Por lo general, si se observan sistemas que están muy lejos del diseño ⁃ Si piensas en comida creo que esto ya está pasando y en el diseño si piensas en una empresa como Fairphone, en cierto modo están repensando un modelo de   de
¡Sí! pero ¿quién lo lleva en el bolsillo?^si LM (JB)
¡NADIE!   :D :D :D :D :D AT todos
pero eso no importa, es un paso hacia AT
la responsabilidad ^cuando vi su cámara me volví al (SF)
^iPhone   eso es lo importante, como periodista, KK
siempre veo esto con un ojo sarcástico o crítico, ~ y hay muchas de estas pequeñas cosas que se ven geniales en papel, o se ven geniales en un documental, y en realidad NO funcionan ~~ el Fairphone es uno ~ hay un edificio en La Haya sobre el que construyeron una granja, y todos los restaurantes locales iban a adquirir sus productos allí,.. y fracasó, :D :D porque los tomates estaban a 8 euros el kilo pero aún así me gusta el intento AT
claramente. Creo que es mejor fracasar en SF
algo grandioso que tener éxito en^pero pero, ¿sa- (AT)

MLSD[1]

SF · bes por qué? pero ¿sabes por qué? **¡qué carajo!** (golpe en la mesa)

SF · **¡ESTOY TRATANDO DE HABLAR!**

todos KK · :D :D :D :D :D Estoy de acuerdo, estoy de acuerdo. Pero esa es la cuestión, es lo que dijiste, necesitas ese tipo de respaldo o marco económico para darle sentido a tal cosa. Pero a menudo parecen estar impulsados únicamente por una fatasía ideológica.

AT · Ya, pero debo decir~~~ hicimos un taller para una gran empresa, y de hecho trabajamos para una empresa electrónica**móvil** m ó v i l

SF AT · y y otras otras

SF AT · cosas **herramientas digitales** y les presentamos algunas investigaciones y entre ellas también les hablamos sobre el Fairphone. Y se podía ver en sus caras, cuando hablábamos del Fairphone, que todo el mundo empezó a mirar, ya

KK SF · sabes {Lucas sirve vino} a otra parte **a otra**

AT · **parte, sí** a otra parte ~ y cuando aca-

(SF) · bó todo, vinieron a nosotros avergonzados de que ellos no sabían de esto y al final vinieron a nosotros y nos dijeron: "sabes, estamos muy avergonzados de cómo producimos con nuestra empresa, pero es realmente difícil cambiar el sistema" sí Así que creo que trabajos como el de Fair-

phone, no sé si funcionan o no, pero, en primer lugar, señalan con el dedo el problema. Y ellas, eventualmente, comenzarán a hacer que esas compañías como Apple, Samsung y otras, comienzan a sentirse un poco avergonzadas por lo que hacen, y eventualmente cambien cosas pequeñas Yo creo que LM para hacer un cambio primero hay que hacer un rasguño, y puede que el primer rasguño no sirva para mucho, pero rasguño tras rasguño, y después ~~~ alguien tiene que atreverse a hacerlo primero ~~~ tomates a ocho euros, pero el próximo intento será tomates a seis euros y el próximo y el próximo ~~~ es cuestión de iniciar el movimiento[si-] (AT)
también se trata de construir narrativas, SF hay algunas cosas que damos por sentadas ahora pero que están ahí porque

en cierto momento surgen una cierta cantidad de narrativas similares y se convirtieron en algo más consistente. No creo que tengamos el lujo del tiempo en este momento, si piensas en lo que está pasando con el planeta, pero ~~~ y todavía disfruto mucho gastando mi dinero en cosas estúpidas ~ y estoy tratando de redu-

AT cír eso, pero aún así   y es cierto que en nuestro bolsillo no hay un Fairphone, estoy de acuerdo ⁓⁓ lamentablemente,

SF pero lo vamos a comprar   pero no creo que sea útil ser   ser

KK ser cínico con ¡no! cierto, al contrario   como dices, es una diferencia generacional.   Cuando se trata de activismo, por ejemplo, la generación anterior, o la anterior, sabía qué hacer, tomaron, por ejemplo, a Lenin, ~ volaron la estación de tren, ~ volaron la torre de televisión y ya sabes, obtienes poder, ~ ya sabes, fue un poco torpe pero aun así ~~ y creo que es bueno formular qué cosas podrían ser realmente útiles para darte empuje, para darte poder

AT pero esa es la cuestión, creo que en este momento falta una narrativa más grande^{si} como en los años sesenta, había una gran narrativa.

SF   bueno, sí, pero creo que sobresimpli-

AT ficada   ideológicamente ⁓⁓ muy muy simplificada sí, pero había una ideología grande. Pienso que en este momento específico en el tiempo no tenemos ese tipo de ideología. A pe-

(SF) LM sar de que DEBERÍAMOS^{es verdad}¡pero si ya está allí! Porque en este momento

también hay muchos pensadores,
muchas escuelas,   están entran-
do los nuevos comunismos, y hay, no
se, hay charlas muy interesantes que
puedes encontrar o a las que puedes asistir y demás,   pero no está
uniendo a la sociedad ~ allá por los
años sesenta, la facilidad para juntar-
se,   como escuela de pensamiento,   o como grupo de pensadores
o como forma de pensar,
era más fácil de alguna manera, de manera física, reducida   ~~~ creo que,
      lo diluido ~~~ el estado de li-
quidez de todo en este momento, hace
muy difícil cristalizar ciertas
grandes narrativas, y tal vez no se tra-
ta de UNA gran narrativa^{desde luego que no}   (AT) (SF)
tal vez la era de la GRAN narrativa y el   LM
choque de esta con la otra gran narrativa, la lucha de los titanes se haya ido.
Tal vez se trate de una conciencia de
la grandeza de las narrativas posibles,
pero de una flexibilidad intermedia
~~ una capacidad para negociar con los
recursos reales encima de la mesa,
pensando desde una perspectiva de
diseño, ¿no?   sí sí   C o m o   (SF)

MLSD[1]

"ok", si trabajas con una empresa "¿cuáles son las restricciones y las estructuras de tu empresa? ¿Y cómo podemos hacer   algo de resiliencia y no de resistencia sobre los pilares de la misma? ¿Cómo podemos hacerlo un poco más flexible en ciertas direcciones y   lo primero que escucharemos, o al menos eso es lo que decíais antes, es que sí, que es muy difícil cambiar

(AT)   si si así es "nosotros ya estamos en esta dinámica, y ya estamos en esta estructura. ¿Cómo vamos a romper con

KK   todo esto?" bueno, comienza con lo que dijiste, comienza con hacer la pregunta correcta. Que no es la misma cuestión de hace

LM   treinta y cinco años   Pero esas preguntas siguen cambiando también

(SF)(AT) LM   totalmente si, absolutante a diario   a diario

KK   Bueno,   no es así siempre,   ya sabes, yo os podría contar ~~~ esto me recuerda otra historia, una horrible. Ben Landau estuvo aquí el otro día

LM KK   ¿estuvo?   sí, se vino desde Australia. Y él era una especie de estudiante activista, muy activista ~~~ "¿Qué puedo hacer YO

(LM) KK   como diseñador?"él siempre con sus banderas y este tipo de cosas ~~ y descubrió que había una fábrica en Genk, de Volkswagen, y doce mil personas trabajaban allí e iban a ~ bueno, todos serían despedidos dentro de tres o cuatro años, ¡un desastre para la ciudad y el área! Así que literalmente fue allí con ese "¿qué puedo hacer YO?" y habló con los trabajadores y el sindicato y el alcalde y todos, y la respuesta fue "no mucho, realmente no puedo hacer mucho, al no ser que se reemplace la fábrica por un parque temático o algo así" Y yo, fui y le sugerí ~~ y este era mi enfoque cínico ~ tal vez podrías ver si la maquinaria con la que haces automóviles también podría usarse para fabricar armas de fuego. Ya que los belgas tienen una muy buena tradición en la fabricación de armas de fuego, pistolas y demás   es un gran mercado   LM KK

es un gran mercado y hay un gran mercado para ello, lo mismo con las minas

minas terrestres, Bélgica las produce desde hace mucho tiempo, por lo que hay mucha tecnología ~~ y Ben, por supuesto, se quedó pasmado cuando le dije esto ~~ " ¿no estarás sugiriendo que convierta la fábrica a la producción de pistolas?" y a eso le dije "pensé que querías ayudar a toda esta gente"

:D :D :D :D :D   porque eso es lo   todos KK
que quisieran: "oh, claro, por supuesto, ahora

vamos a hacer armas…"   E n t o n -
ces, si realmente quieres,   tienes
que llegar a idear una narrativa más grande

LM   y hacer las preguntas correctas Creo
que el cinismo puede ser una buena
herramienta, como el humor   ~~   por
lo menos ~~ Mira los Yesman, con el
        con todo el escándalo de Bho-
pal y demás   se hicieron pasar por representantes de la industria
química pidiendo perdón y tal ~~ To-
mando un posicionamiento muy cínico
~ Pero luego, cuando le preguntaron a
las personas afectadas, decían "bueno,
al menos ese momento falso fue glo-
rioso para nosotros y está avergonzan-

KK do a otras personas" :D :D ¡cierto! y es
ironía y esa siempre es una herramienta
        difícil   de manejar. Pero
debes entender que cuando dices todo eso de
que estamos en un mundo globalizado, y de
esas grandes narrativas que son diferentes, y
esas preguntas son ~~~ y que no hay una gran
gran historia, ni una gran gran ideología ~~~
ese es probablemente el mensaje que Ben debería tener para la gente de allí "estás jodido,
la fábrica no va a volver, de hecho, la idea de
una fábrica con doce mil personas nunca va a

volver" eso es eso se fue AT LM

tenemos que empezar a hacernos otras KK
preguntas pero lo que sí es se- LM
guro es que hay una transición a largo plazo. Por ejemplo, recientemente
en España, hubo este acuerdo para
vender bombas a A r a b i a KK
Saudita, para usarlas en Yemen, y el nuevo LM
gobierno -socialista, de izquierda o lo
que sea- dijo "ya está bien, cancelamos
este acuerdo" y se hicieron grandes
ecos al respecto. Pero al día siguiente
se dieron cuenta de que los saudíes
decían "ustedes cancelan el acuerdo
de las bombas, nosotros cancelamos
el acuerdo de los BARCOS"

:D SF

y luego España estaba como "eh, es- LM
pera un minuto, tenemos una
una fábrica y unas treinta mil personas
trabajando en vuestros barcos y ya están casi terminados" y dijeron "bueno, si
no hay bombas, no hay barcos", así que
tuvieron que volver a poner en marcha
el acuerdo[XD]pero tal vez el próximo
acuerdo directamente no va a suceder,
¿sabes? Es como
la actitud de ser el héroe, el "¿qué pue-

KK   do hacer yo por esto?" Bueno, volvemos al papel del diseñador otra vez. Tienes acceso a pensar en empresas a un nivel muy alto. Ellas podrían decir "queremos que hagas sillas y sofás" y tú puedes decir "bueno, necesitamos un tercer proyecto,^{teléfono vibrando} necesitamos algo completamente diferente" no deberíamos ~~ como dijo ese tipo, Rietveld, "deberías alzarte sobre donde trabajas, no

JB   sentarte"**como yo lo veo, a veces, cuando los diseñadores intentan abordar este tipo de problema, a veces se detienen**

(AT) JB   **en "crear conciencia"**^{eso, sí}**en señalar el problema en lugar de tratar de solu-**

(KK) JB   **cionarlo.**^{sí, sí}**Decir "este problema existe". Creo que, hasta cierto punto, es útil pero también se convierte en una ten-**

LM   **dencia** lo vemos mucho como profe-

AT   sores, ¿no? sí, por ejemplo cuando los estudiantes empiezan a hablar de proyectos de concienciación, yo digo "ooohh Dios mío, otra vez no" ~~~ Se presenta

KK   como la palabra C, es esa sensación de "otra

LM   vez esto..."¿Concienciación para QUIÉN?

KK LM   sí, ¿cómo vas a hacer eso? ¿A quién te diriges? ¿Es realmente necesario? ¿Otra

AT   vez? esto no significa que no puedas hacer grandes proyectos. Especialmente en algunos proyectos de comunicación que son sobre crear conciencia. Pero la cosa, de nuevo, es que es hora de dar un paso más **y también tiende a ser** JB **un poco condescendiente con la gente a la que se refiere... No sé, esto de la concienciación a veces queda como una cosa de ego. Una especie de "mira qué buena persona soy, ahora te tiene que gustar mi trabajo"** hay algo de AT moral cuando creas conciencia también KK se trata de cómo lo enmarcas.^[sí] En este país, (AT) como ya sabéis, el reciclaje de la basura está realmente a un nivel muy alto, porque es ver-gonzoso para la gente tirar cosas en la calle, temes el que la gente diga algo al respecto has creado una sociedad que lo hace LM vergonzoso^[sí, sí] hay un elemento de vergüen- (AT) KK za, que es una fuerza social lo que estamos AT diciendo también es muy interesante. Estuve discutiendo mucho con Simone recientemente que la única manera de trabajar en realidad no es trabajar con las empresas, hay que trabajar con el responsable político, hay que ir ^[a la estructura] (JB) ^[de poder] en un nivel político y **probablemente** AT (KK) **ni siquiera allí** entonces entras en otros AT problemas, entras a lidiar con la política,

MLSD[1]

es otro tipo de problema muy complejo {sirve vino} ~~~ oh,
espera, este es el último vino, voy a ir
al gimnasio esta noche ¡Lo vas a sudar!

LM

(AT) JB gracias **tenemos otra botella todavía, y no**

AT LM **nos la vamos a llevar** ¡Bien! ¿No es así?

JB LM **No, no, la tenemos aquí** decías,

KK sobre la política :D tengo un amigo que
hace cócteles, y cuando hace Negroni, y dice:
"Si vas a tomar dos Negronis, toma el segun-

todos do primero". :D :D :D :D :D

AT LM ¡Esa es una buena idea! Eso es con los
cócteles, si tienes una ginebra buena
y otra mala, tómate primero la buena

KK LM ¡sí! y después no te darás cuenta de lo
que estás bebiendo ~~ ¡lo siento! esta
era la pausa publicitaria, debemos con-

SF tinuar! fue la gente de Flos la que llamó,
la liaste con las fechas en el correo que
enviamos ~~~ deberíamos abordarlo más
tarde. Perdonad ~~~ ¿dónde estábamos?

JB SF ¿Conciencia? ¿Política? A los estudiantes hay que decirles "concienciar nunca es

LM suficiente" está bien que te conciencies
a ti mismo, pero luego lo traduces en

JB otra cosa **es bueno crear conciencia,
pero es inútil cuando se queda en el
mismo círculo. La concienciación en**

tu pequeño círculo no hace mucho, ni siquiera en el diseño ~ para el estilo de los diseñadores sabes qué, que yo no lo sé seguro,~ lo veo, lo veo completamente. Creo que lo que importa es la calidad. Si la concienciación se vuelve como la frase de la galleta de la fortuna pues ~~~ lo que quiero decir es que hay que crear con- ciencia hacia una empresa o hacia al- guien que realmente pueda hacer algo, alguien relevante al nivel de #metoo hay que hacer que llegue a oídos interesantes, una cosa es crearlo, y la otra es hacer que llegue al canal adecuado y luego al re- ceptor adecuado pero también... quiero decir, entiendo completamente el punto, y estoy completamente de acuerdo con él, pero por otro lado, creo que, durante mu- cho tiempo (y sigue siendo el caso para mucha gente, muchos diseñadores) hacer algo consistía en hacer algo que se vea bien y si lo tocas se siente bien y así ~~~ y creo que sí   que si los diseñadores o quien sea que esté trabajando en este mo- mento en el mundo tuvieran todos las mis- mas preocupaciones, o se preguntara sobre las misma implicaciones éticas de lo que haces, el nivel de calidad de todo se ele-

SF

JB

(KK) LM

SF

MLSD[1]

varía. Es decir, si como periodista te preguntas por las implicaciones éticas de tu trabajo, serías mejor periodista, y yo sería mejor diseñador. Pero no puedo asumir la responsabilidad de ~~~ ambos. Y también, en este sentido, entiendo completamente tu punto, pero también creo que es difícil decirle a un diseñador "bueno, escucho lo que dices, pero no estás gritando lo suficiente o no has creado tu propia empresa o no has publicado tus propios libros o..."

JB **No estás gritando a la persona adecua-**
KK SF AT **da** cierto... **tal vez...** es similar, por decir algo, a la relación del médico de cabecera y la industria farmacéutica ~ una investigación reciente decía que solo alrededor del diez por ciento de la medicina realmente funciona. O mejor dicho, sabemos realmente por qué funciona de la manera en que funciona. El resto no lo sabemos. Los médicos te lo darán, de todos modos, porque está ahí, porque las compañías farmacéuticas se lo dan, y también obtienen realmente un beneficio de ello, y esta es la forma en que funciona, y tu no lo cuestionarías cuando estás allí, no dirías, realmente no necesito una píldora, te darán

algunas, es parte de todo el sistema de ello. Y es casi imposible decir -y mi hermano es médico-: "No, yo sólo voy a elegir lo mío" o sólo voy a hacer el diez por ciento de esto. Es una cuestión muy grande. Y me imagino que los diseñadores tienen el mismo tipo de ~~de hecho luchamos con eso. De hecho cuando trabajamos con una empresa siempre pensamos que podríamos hacer más ~~~, y por supuesto que podemos hacer más,   pero de momento podemos hacer esto. Y eso también es muy diferente y también es la única manera. Piensa en... ^{tal}   SF (AT)

^{vez no, tal vez no}no sé, pero sí, y si conoces un   SF
poco a Enzo Mari, y su carrera y eso ~~ él es uno de los más grandes diseñadores que nunca se comprometió o rara vez se comprometió. Realmente tenía las ideas claras y pensaba en el diseño desde una perspectiva holística y todo eso. Pero en un momento dado, simplemente comenzó a trabajar y no podía llevar sus ideas al mundo, y no podía ganarse la vida, básicamente, le costaba, y luego se convierte en ese radical que esta solo desapareciendo. Y en realidad en ese sentido sabes ~~~vale, pero él te influen-   LM
ció a ti! Yo, yo sí ~~~ él dejó una gran   SF LM

MLSD[1]

SF LM huella en ti... Sí, definitivamente y muchos otros, por lo que esa gota única-

SF mentepero esto es lo que quiero decir, la narrativa del tiempo no está cambiando el mundo. Honestamente, ¿qué puedo hacer? ~~~ Al menos lo estoy intentando - dentro de las limitaciones y las posibilidades de la disciplina - ser responsable de ciertas co-

KK sas pero es totalmente de sentido común, esta es la forma en que el mundo funciona. Lo que creo es que esto introduce esta idea de que el diseño puede hacer más ~~ algo que he visto en los últimos diez años ~ de hecho, el hecho de que haya toda una conferencia que se llame "¿Qué puede hacer el diseño?" implica grandes cosas, ¿no? Creo que debería llamarse "lo que hipotéticamente, en otro

LM mundo podría hacer"   potencialmen-
(todos) te... :D :D :D :D :D

SF   potencialmente

KK :D :D

¿no se si fue sí en la última semana del diseño, o en el evento de graduación de hace uno o dos años, había esto escrito en todas las puertas "todos los diseñadores trabajan para

todos hacer del mundo un lugar mejor"   :D :D :D :D :D

SF KK eso sería genial eso sería genial, pero pienso

en algunos trabajos y pienso uuuuhhhh, ¡algunos hacen donuts! :D :D :D :D todos
:D auch auuuuch Creo JB
que el sofá donut que hice realmente
hizo ... ¡el mundo un lugar mejor! el mun- SF
do un lugar mejor ~ creo totalmente en JB
el donut todavía ¡Deberías! Las fami- SF KK
lias van a este espectáculo, los niños se que-
jan y dicen: "¿Podemos irnos a casa ya?", y
entonces hay un donut en el que puedes jugar
bueno, hizo su trabajo, ~ también hubo JB
gente que dijo: "no lo entiendo", le dije:
"¡es sólo un donut, disfrútalo!" bueno, LM
no es un Donut, es un poco como Ma-
gritte y la pipa. :D y bueno, cuando (KK) SF
veo a los estudiantes que se gradúan con
proyectos así ~~~ recuerdo cuando llegué
por primera vez a la Academia de Diseño,
estaba en el primer año del máster y estaban estos estudiantes de grado tirando
aviones de papel por las escaleras, y pensé
"genial, este es es el lugar perfecto que he
encontrado"¡De hecho, que haya este tipo (LM) SF
de seguridad por supuesto que esa es la belleza detrás de una (LM) SF
puerta, un espacio en el que la gente pue-
da pensar de ESTA maneraese es el pri- LM
vilegio del entorno académico, esa es
la belleza del mismo, que se pueden

KK hacer hipótesis, y luego sólo jugar el papel de "¿qué pasa si?" claramente no en Corea :D

LM ino!, no en Corea y tampoco en muchos muchos otros lugares ~~ creo en ese contraste entre la localidad y la globalidad en ese sentido y eso ~~~ Y creo que sí trabajas mucho con eso, como en vuestro trabajo, en el contraste en-

(KK) tre la cultura local y la tradición sí ~~~ y muchas veces pensaba que la cultura

AT local estaba en constante cambio sí, y

LM lo que significa localidad isí! la cultura local es una dirección que va hacia arriba, y la tradición es una dirección que va hacia abajo, o se desvanece, por lo que esas dos cosas, de alguna manera, tienen un momento de desvanecimiento inverso común, uno sube al tiempo que otro baja ~~~ por lo que el punto se puede hacer sobre una mesa, se puede hacer dentro de un barrio,... pero en algún momento deja de tener el sen-

(AT) tido correcto exactamente Pero entonces alguien podría escucharlo y podría validarla, la hipótesis en otro contexto cambiando

AT ciertos parámetros pero eso es lo que creo que a veces es una pena de los tiempos que estamos viviendo. ~~~ Sabes, lo que dices es totalmente cierto, pero también estamos hiperconectados. Y esas informaciones que suceden en un lugar local, digamos en Australia, podrían ser muy fácilmente asimiladas en   América ~~ pero no está sucediendo. Sigo pensando que si está ocurriendo es demasiado lento-**No creo que no esté ocurriendo, creo que** SF **no está ocurriendo con la velocidad que necesitamos**también con la velocidad AT que estamos viviendo. Ahora las cosas son muy rápidas, pero no creo que el cambio sea tan rápido se convierte LM en algo anecdótico muchas veces. Se convierte en una bonita anécdota para poner sobre la mesa en alguna cena. Si piensas en Ben & Jerry's, si piensas en KK mucha de esta gente, crees que empezó muy bien y luego llegó a un cierto nivel en el que se convirtió en otra gran empresa **bueno no-** SF **sotros no vamos a correr ese riesgo, creo que seguiremos siendo pequeños durante mucho tiempo** XD¿vosotros trabajáis en un (KK) LM gran contexto? **¿nosotros trabajamos en** SF **un gran contexto?** En el sentido de que LM si trabajas globalmente con grandes

MLSD[1]

industrias ~~~ pero luego tienes un estudio basado en la investigación pero también...

SF **Es una lucha en realidad entre estos dos lados. De hecho estábamos pensando que en el futuro deberíamos dividir los dos**porque

AT está bloqueando mucho. ~~~ estamos en un momento en el que tenemos un equilibrio entre el trabajo más comercial y el más basado en la investigación, pero como no queremos crecer, también decimos no a mucho trabajo comercial, y también está bien, porque creo que es muy difícil establecer una relación y una discusión con ese tipo de empresas, por lo que decíamos antes: si realmente quieres cambiar algo tienes que proponerlo, y no tenemos el tiempo, y la es-

JB cala es demasiado pequeña **y además te pueden rechazar después de proponer algo, y eso es arriesgarse a perder mu-**

SF cho tiempogeneralmente preferimos no proponer nada a no ser que sea forzado, por si queremos hablar con una persona concreta por un motivo ~~~ pero siempre es mejor cuando una empresa se acerca a ti porque conoce tu trabajo. Entonces estás, un poco, en una posición diferente. Pero

creo que lo mejor sería probablemente en
el futuro dividir las dos partes   Forma y   LM
Fantasma   :D :D :D   efectivamente   (todos)
tiene todo el sentido, la parte forma y
la parte fantasma, encargos e investigación dividida de hecho estábamos de   SF
vuelta de Siena, en la Toscana, después
de ver una exposición... y entonces sur-
gió esta cosa, esta cosa de Formafantasma
y ~~~ Formafantasma significa Forma de
Fantasma ~~~ y simplemente sentíamos,
ya en aquel entonces, sin saber realmente a dónde íbamos, o sólo parcialmente,
que en cierto modo queríamos saber más
sobre lo que pasaba antes de que algo se
formalizase, a pesar de que siempre se ha
dicho que éramos muy buenos con eso ~~
cuando éramos estudiantes ~~ y estaban
obsesionados con eso, los holandeses ⁱsi lo están ⁱpe-   (AT) SF
ro seguimos pensando que la forma pue-
de cambiar de vez en cuando ~~ incluso,
con suerte, pensamos que nuestro trabajo
no se basa en un estilo específico ~ algunas personas dicen que pueden reconocer
nuestro trabajo, pero también piensan que
hicimos trabajos muy diferentes Pero el   AT
nombre es, como, ridículo. Sí, el nombre   SF
es ridículo a veces pensamos "¡debería-   AT

MLSD[1]

SF   mos cambiar!" sí, en algún momento nos encontramos pensando "joder, ahora esta-
(todos)   mos atascados con esto" :D :D :D :D :D

KK   sí, conozco esta cosa, no importa ~~~ Si miras a los recogepelotas en Wimbledon, han sido morados y verdes desde mil ochocientos y pico. Nunca querrían cambiar eso porque

SF   ¡Creo que el naranja fluorescente es real-
(todos)   mente una mierda! :D :D :D :D :D

SF   Pero creo que lo que más odiamos, ~ incluso es nuestro pequeño drama de ser italianos y vivir en Holanda ~~~ porque los italianos piensan que somos un poco demasiado holandeses, y los holandeses piensan que somos demasiado italianos para ser asimilados en el contexto ~~~ es que Formafantasma aquí, la gente, lo interpreta como "forma fantástica", que es lo contrario de lo que queremos referir

JB   no tenemos ese problema, fantasma en español es lo mismo, de hecho por un segundo, cuando estudiaba en

LM   BA, pensé que erais españoles. No

JB AT   hace tanto tiempo   cierto no me hagas sentir tan viejo por favor, ya tenemos como una crisis de la mediana

(todos) SF   edad   :D :D :D :D :D nos va a tocar otra vez

KK   te va a tocar otra vez sí, así que tómatelo con

calma ¿te vas a comprar una moto? LM

:D :D :D :D :D (todos)

~~~ la primera vez que vi vuestro tra- JB
bajo fue en el espacio Rossana Orlandi,
fue una exposición alrededor de 2013-
14. ¿Autarky? Era una exposición con LM JB
mucho vidrio de cristal, en una mesa
ah sí, eso era para Lobmier, la empresa de SF
cristal. Eso trae una anécdota interesante... hay una empresa de cristal, Lobmier,
en Austria, son geniales, todavía están en
el centro de la ciudad y tuvieron a gente
como Adolf Loos diseñando para ellos ~~~
podías ir allí y al abrir los cajones encon-
trabas este dibujo de esto y aquel dibujo de
lo otro ~~~ quiero decir, una empresa guay
~~~ y vinieron a nosotros, porque les gustaba nuestro trabajo ~~ lo que sea ~~ pero
en algún momento dijeron "nos gustaría
hacer cristales grabados, pero ellos ~ porque tienen todos estos buenos grabadores
~ pero ellos ~~~ es muy difícil encontrar
diseñadores que trabajen en la calidad de
los objetos especialmente en los Paí- LM
ses Bajos en realidad creo que es más fá- SF
cil aquí en los Países Bajos si, eso crees, LM
creativamente, "Adolf Loos" piensa en

MLSD[1]

SF Hella Jongerious, ella diseñó todas las decoraciones con Nymphenburg o, el puto Marcel Wanders (todos)LM :D :D :D :D :D sí

JB KK LM ooooohhhhh ¡Barroco! como vamos a traducir eso en español, "Marcel fucking Wanders" JB Marcel puto Wanders

(todos) SF :D :D :D LM le estaba haciendo sombra, pero la verdad es que respeto su trabajo yo también respeto mucho su trabajo, pero hay ciertas cosas con las que no estoy SF de acuerdo hay que aplaudirle que haya construido una empresa, y que la haya convertido en algo que funciona cuando KK voy a la ópera y lo veo con su collar de perlas LM JB ¿en serio? pelo largo y blanco, camisa LM abierta gracias a Dios que no voy a la KK ópera sí, hay muchas cosas que faltan en tu LM vida ~~~ me encanta la ópera, sin embargo. De todos modos, decías, esta SF anécdota no, sí, simplemente esto, que no podían encontrar diseñadores que quisieran comprometerse con esta calidad de artículos ~~~ e incluso la forma en que lo JB hicimos fue un poco como... ~~~ bueno, los artículos en sí, me parecían decorativos ~~ no el adorno que tiene el ar- SF tículo, sino la función, el ritual... sí quizás eran un poco re-

dundantes. En realidad, era difícil hacerlos
más simples, de una manera Creo que era JB
realmente hermoso sí, también creo que SF
era hermoso ~~ La parte bella era ~~ bueno, había esa cosa sobre la purificación del
agua   y   tuvimos   que
construir una narrativa sobre ella, y hay
herramientas para purificarla con carbón
activado y "bla bla bla" y, un jarrón tiene
todas estas pequeñas semillas que parecen
cosas de arroz en él ~~~ parece un patrón
muy abstracto ~~~ pero en realidad es la
bacteria cólera, que es la primera cosa que
los humanos trataron de eliminar del agua.
Así que todos los jarrones hacen lazos entre el vidrio, el agua y la purificación del
agua ~~~ así que otra vasija tiene bacterias
que viven en el océano, que tienen sus hue-
sos hechos de sílica, así que es básicamente
vidrio ⁰ guau! ~~ así que hay todo esto, trata de
darle algún tipo de significado, de una manera u otra   el significado ~~ ¿para LM
quien es el significado?   ¿Es para ti
mismo?
¡Es para el objeto!   ¿Es la relación SF LM
con el objeto que estás creando? al ob- JB
jeto no le importa mucho, no, pero lo SF
que quiero decir ~~ sí, creo que ~ inclu-

MLSD[1]

so si tomas algo que tiene una cierta ~~~
ivale! empiezo de nuevo: creo que si miras
las cosas, a las cosas que hacemos, creo que
llega un momento en el que - a menos que
seas realmente estúpido - empiezas a pre-
guntarte "espera un minuto, hay algo en
esto que me dice que están pasando cosas"
y luego lo descubres creo que ~~~ lo que
quiero decir es que si miras las cosas a nivel semiótico puedes insinuar que hay una
narrativa en marcha que puedes recons-
truir, o al menos te lleva a hacerte preguntas ~~ así que siempre estamos intentando
no inventar una historia para ponerla encima de algo, sino esperar realmente que
sea el objeto el que hable de eso

KK SF que sea como decir la verdad en cierto modo
sí ~~~ se trata realmente de eso, de hecho cuando escribimos las palabras sobre
nuestro trabajo, escribimos a medio camino, cuando estamos trabajando, pero también al final. Queremos asegurarnos de que
lo que escribimos es realmente lo que hay

LM   de hecho es una cosa que pensé que sería muy interesante hablar:
LA ESCRITURA. ¿Cómo se relaciona? Y
también tener a Koen en la mesa, ¿no?
¿En qué momento ~~~ creo que ya lo

pusiste en una línea, ¿no? Empiezas a tener palabras, ni siquiera frases, más bien palabras, que implican ciertas semánticas, y orbitan alrededor de lo que crees que quieres tocar. Pero entonces, eventualmente, hay una negociación con y entre esas palabras. En algún momento se produce ese: "vale, si me meto en esto, entonces no soy leal a esa increíble palabra a la que siempre quise ser leal al principio". Creo que hay este tipo de negociación constante con el objeto pero las palabras, para nosotros, SF nunca son dictadoras sobre las cosas, son guías para el proceso. Y las palabras siempre pueden cambiar de acuerdo a las cosas que están definiendo es flexible pero es lo mismo en la escritura, estoy seguro, sé honesto, cuando tú, Koen, empiezas a escribir algo lo acabas de decir. Empiezas algo y luego KK tienes la sensación de que está pasando algo, entonces investigas y luego lo resuelves. Y supongo que lo que haces con la arcilla o con el vidrio, me pasa con las palabras, el ¡Eso es! ¿Verdad? y luego vuelves a re-escri- SF bir de acuerdo a los nuevos hallazgos. Sí, creo que es más parecido eso, cuando necesitas escribir un buen texto, que lo que

MLSD[1]

JB KK pasa con los objetos. Nunca es lineal, no creo que sea lineal es volver y avanzar no sé... ~~~ Escribí muchas críticas sobre arte contemporáneo, y luego dejé de hacerlo, porque me gustan los artistas y normalmente me gusta su obra ~~ pero todo lo que le rodea es tan ofensivo y tan molesto, y lo siento por el artista, porque dicen "sí, hay que escribir algo" ~~ ¿Has estado alguna vez en la exposición de la Academia Rijks en diciembre? Es algo muy bonito, son solo tres días y recuerdo que fui y tenían un texto en la puerta: "Fulano de tal, investiga esto..." y recuerdo que les pregunté "Leí tu texto, no pude entenderlo, ¿tú escribiste esto?" "¡No!", dijo "no, hubo un tipo que vino, habló con nosotros y lo escribió" y yo dije " si yo no lo entiendo y tú no lo entiendes, ¿por qué está ahí?" :D ~~~ y es una especie de capa protectora, casi. Tienes que hacerte camino a través de ello

SF Quiero decir, por otro lado, si lo haces realmente bien ~~ probablemente fue un texto

KK realmente de mierda pero hay un montón de

SF mierda...   sí estoy de acuerdo, estoy de

JB acuerdo, hay muchos textos de mierda creo que habrá sido aún peor si hay un

SF gran texto y una obra de mierda tuvimos un texto de mierda en el Stedelijk,

un texto completamente de mierda fue Len- KK
nart Booy quien hizo eso sí, ni siquiera estoy SF
seguro de que fuera su error, incluso. Es
más bien que probablemente el proceso de
hacer la obra y poner la etiqueta después,
no se, como que todo no estaba cuajando
creo que el problema es cuando el tex- JB
to viene después de la obra. Porque el
texto a veces se convierte en algo que
valida el trabajo real Ni siquiera estoy SF
seguro de qué trataba el texto en ese caso,
pero era realmente ~~~ Incluso recuerdo que leí un artículo en Alemania donde
alguien mencionaba precisamente nuestro
trabajo, y el texto no tenía sentido. Recuer- KK
do cuando empezaron el Master de Diseño,
Comisariado y Escritura ~~ Mi primer im-
pulso fue "¡NO LO HAGÁIS!".

:D :D :D :D :D   (todos)

     ¿eso fue hace sólo un par de JB
años?

Estuve hasta el año pasado ahí con ellos y KK
Alice   Ya no está ahí, ha sido relevada AT
y

KK   está Tamar ahora

SF   bueno, yo creo que esa es una situación...

AT   Para mí lo interesante es que si lo pien sas históricamente, en el pasado, los di señadores, Mendini, Mari, toda la gente de esa generación, también escribían

SF   sobre diseño. **Lo siento si estamos ha-**

LM   **blando sólo de italianos, pero**¡justo iba a apuntar eso ahora mismo! pero esa es

SF   su tradición, son vuestras raíces **y en Holanda, estaba incluso Renny Raijmakers escribiendo sobre Droog, porque si no...**

AT   ¡Sí! pero lo que quiero decir, es que es interesante pensar en eso desde el dise-ño ⁓ en ese momento era importante tener gente y diseñadores que escribie-ran sobre diseño.

(Se sirve vino)

LM   Creo que precisamente lo interesante de un curso sobre comisariado y escri-tura en un entorno como el de la Aca-demia de Eindhoven es que se otorga el espacio y tiempo de pensar sobre formas y estrategias de comisariado y escritura mientras los compañeros estan realizando ejercicios que tienen una traducción matérica, es el grupo el que enriquece a la persona que intenta escribir en lugar de estudiar cómo escribir sobre ello desde un entorno en el que no está ocurriendo materialmente eso.

¿Ves mucha diferencia entre los primeros SF
tiempos y los ultimos dados los cambios
de liderazgo?

¿Queréis más vino? la palabra clave fue   JB KK
siempre académico ~~ los textos de las tesis no son sobre aprender a escribir de una
manera académica, sino que son más bien
una manera de ser capaz de ordenar tus investigaciones

y tu eras el unico mentor de esto   SF

{Alguien pasa silbando a lo lejos}

MLSD[1]

{Lucas entabla una conversación en holandés con él mientras se acaba un cigarro}

SF   Desearíamos un trabajo investigativo mas aplicado por parte de los estudiantes que lo que está ocurriendo ahora mismo en la

KK   academia   podría hablar de eso duran-

SF   te horas sí, mucho

LM   ~~~ todo esto comenzó con la relación entre el texto y la escritura, y el dise-ño ~ hay dos abstracciones diferentes, incluso tres abstracciones diferentes: una es la abstracción de escribir algo y ponerlo en palabras, y tratar con todos los significados que cada palabra tiene ~~ incluso las traducciones son difíciles, cuando tratas de encontrar ~ necesitas ser un artista para realmente traducir un artista, diría ~~ pero la relación sobre la escritura y "dar forma" como dicen los holandeses ~~ creo que en una me-todología basada en la investigación, la

67

escritura viene ~~ en algún momento tienes que escribir tus cosas ~~ muchas veces he escuchado a los comisarios decir "no dejemos que el o la artista o el o la diseñadora escriba lo suyo" ~~ también a veces he visto trabajos y me ha encantado y luego he leído el texto y ya no me ha gustado más ~~ y no creo que sea tu caso, creo que antes hacías la observación de que "lo que intentamos aglutinar semánticamente, visualmente en un objeto, nos gustaría que se leyera así" ~si y eso está relacionado de alguna manera con el texto ~ en mi caso por ejemplo, sigo cambiando mis propios textos, así que no hago más textos   :D :D :D :D   (todos)
:D ~ ilos hago para mí! pero no los pu-   LM
blico en mi web, porque sigo cambiando de opinión ~~ a veces entiendo algo que hice hace cinco años, ~ iahora lo entiendo! ~ Y es como "oh, por eso era interesante" lo hice muy instintivamente, digamos, ¿no?

si sí, eso puede pasar! Sí, y de repente en-   SF LM
tendí que "iesa era la cuestión!" En su momento tenía ganas de hacerlo, así que lo hice. Y luego, años después o tal

MLSD[1]

vez después de algunas conversaciones o tal vez después de que alguien
más escriba sobre ello o lo que sea
AT LM y sí, empiezas a ir "aaahhh" empiezas a
encontrar algunos matices en ello que
no estaban allí tal vez antes.   Pero
me imagino que en realidad ~~ bueno,
al principio de la conversación decías,
"nuestra práctica está muy basada en
la conversación" sois un dúo en ese
sentido, así que estáis constantemente articulando los conceptos y las palabras y tejiéndolos juntos entre voso-
(SF) tros dos^{si completamente}y en tu caso, te referías a
Koen diciendo que en realidad eres un
ESCRITOR, así que tú, tú, eres una especie de purista en esto, en este sentido ESCRIBES ~ quizás nosotros escribimos y creamos y bla bla bla ~ Nuestra
disciplina es el diseño, pero necesitamos comunicar un texto sobre ello, una
imagen sobre ello ~~ hay algo ahí en
el que, la necesidad de justificar esos
pensamientos, y tu propia necesidad
de también volver - es una especie de
máquina del tiempo, cuando vuelves
a leer un texto y piensas "oh, esto era
SF realmente lo que quería decir" usas la

palabra justificación, pero realmente nunca he sentido el texto o las palabras como
una forma de justificación de la obra es- LM
toy usando de una manera muy ácida.
Porque a veces parece que es lo que
se reclama desde un punto de vista pe-
riodístico   sí, es así AT
~~ Con mi anterior estudio, solíamos te- LM
ner imágenes preparadas en baja y alta
definición, un texto en primera y tercera persona… ~~ así que realmente ela-
boras tu propio discurso que va a ser
un COPIA-PEGA sí, eso es lo que hacemos, SF
siempre escribimos el texto que pueden
copiar y pegar para estar seguros de que
no se escriben estupideces y el noven- LM
ta y nueve por ciento de las veces es
COPIA-PEGA

de repente, a veces no lo hacen y entonces SF
piensas "oh, mierda" :D tienes que escri- JB
bir lo que querrías decir quizás a veces LM
también te sorprendes ^{raramente} bueno, en (SF) KK
realidad lo tomas a diferentes niveles, ¿no?
Uno es tu deber de comunicar y proporcionar
textos a la gente. Y el otro es que pueda haber
gente inteligente por ahí que pueda mirar tu
trabajo y decir algo sobre él que tú mismo no
has pensado. Lo que siempre me interesó en

MLSD[1]

Eindhoven es que puedes utilizar las palabras o los textos como una especie de punto de cristalización de la forma de pensar de la gente, y no tienen porqué ser textos teóricos. A veces me gusta lanzar un poco de poesía a la gente; o incluso conceptos sencillos. Di una charla sobre la éntasis, el concepto griego de hacer cosas que deliberadamente no son correctas, que son como un "tache de beauté" en la mejilla de alguien. ~ y esto son sólo

JB KK palabras **imperfección sublime** ~ pienso
SF "esto podría cristalizar en otra cosa" odiaba eso de la "imperfección sublime", suena como si un francés entrara en una perfumería y buscara la Imperfeccion Sublime. ~ ~ ~ ~ ~ ~

LM ¿Funcionó con tus alumnos? ¿Cuándo los obligas a escribir? He visto a compañeros míos luchar realmente con tener que escribir y entregar un texto
SF nosotros también luchamos mucho con eso. Creo que lo que más nos costó fue ~ personalmente si volviese ~ escribiría un texto para el trabajo y escribiría la tesis sobre un aspecto específico que está relacionado con el trabajo ~~ mantener el texto

por ejemplo sobre "artesanía y flujos migratorios" ~~ para que no se conviertan en la misma cosa así que el trabajo no está LM ilustrando el texto, pero hay dos investigaciones diferentes, una es una investigación reflexiva y la otra es una investigación material/contextual en nuestro SF trabajo de graduación, cuando dejamos de pensar en el trabajo escrito y empezamos a hablar del trabajo, entonces empezó a tener sentido la presentación del trabajo a través de las palabras. En cambio, era muy confusa la forma en que presentamos el trabajo. Porque mezclamos algunas de las ideas de la tesis con   el   el   trabajo. Compartían la mayoría de las cosas pero también eran independientes.

Siempre he pensado que un texto tiene que KK ayudar de alguna manera a la producción de algo interesante. En nuestra graduación AT nos ayudó a afinar la forma de hablar de nuestro trabajo. ~ Tal vez no estemos al cien por cien contentos de cómo se vinculó el texto con la graduación, el

MLSD[1]

trabajo físico, pero al final fue realmente instrumental, al hablar del trabajo

SF curiosamente, el texto hablaba de la artesanía de una manera más romántica que la obra en sí. El trabajo era mucho más duro con la tradición y su funcionamiento. El texto era más romántico ~ pero nuestro trabajo de graduación fue una buena experiencia, ~~~ no nos gusta nada de lo que hemos hecho antes de nuestro trabajo

LM de graduación ¿no es como esa frase que dice "todo lo que he hecho en mi vida me ha llevado al momento en el que estoy"? ~ todo ese trabajo en rea-

KK lidad te ha hechœs como has dicho, tienes tiempo de jugar durante dos años y mentalizarte para escribir un texto, es parte de ello, y después dices: "nunca volveré a hacer esto"

SF en realidad lo hicimos con nuestro último trabajo, lo cual es realmente extraño, realmente se sintió como una graduación. Tuvimos largas horas de charlas y escritura, preparando presentaciones, e inves-

LM tigando y contactando con gente con ese trabajo tengo que decir que me da la sensación de que os sentisteis incómodos al tener que traducirlo en muebles

SF ¡absolutamente nos sentimos incómodos!

Pero también hay otra cosa que ～～ todavía estamos trabajando en la obra ～～～ pero
cuando la presentamos en Australia en el
museo que encargó la obra, la gente de allí
pudo entender la relación entre las cosas
y   y, espero,   la investigación, pero en nuestra página web no
existe la posibilidad de entender la com-
plejidad de la obra porque todavía estamos
trabajando en ella. Y estamos tratando de
hacer una plataforma donde poner toda la
información y la investigación que hicimos ～～ está llegando a ese punto, pero es
una cosa compleja y ～pero lo señalaste AT
bien, porque desgraciadamente, bueno,
afortunadamente, porque no hay muchos lugares que te den la libertad de
trabajar dos años en una investigación
～～ dar dinero para trabajar en algo ～～
pero, ¡claro! tuvimos que pagar el hecho de que querían coleccionar objetos
y publicar imágenes también, ¡de algu- LM
na manera necesitan catalogarlo! pero SF
no tengo nada en contra de eso, lo único
～ el problema no es nuestro para ser ho-
nesto jajaja, 'nunca es tuyo!' es difícil que la gente (LM)
cambie su forma de ver las cosas, así que
con la investigación tuvimos un enfoque

MLSD[1]

pragmático hacia la resolución de problemas, estuvimos analizando cómo funciona
el sistema en el reciclaje de la electrónica ~~
cómo funciona en Europa y en países en
desarrollo ~~~ incluso pequeños cambios
que se podrían hacer en los procesos de
producción de los objetos; ahora estamos
buscando en la obsolescencia planificada;
estamos mirando a la recolección de residuos; la unión; la legislación y ese tipo de
cosas ~~ los MUEBLES toman un camino
completamente diferente y no es por este
pensamiento pragmático, es más la investigación de otros matices que estaban allí,
en el trabajo, que son menos visiones au-
mentadas, pragmáticas y lineales y se trata de otras cuestiones y otras ideas que
existen también, y tal vez más en relación
con la estética y algunas implicaciones de

AT   la misma digamos que si no hubiéramos
tenido el encargo probablemente no
habríamos hecho objetos, en ese caso

LM   ¿habríais entrado en la investigación

SF   sin el encargo? en la investigación sí, pero

LM   no en los objetos ¿en qué punto estaríais
entonces?

AT   probablemente el paso en el que estamos ahora, porque ahora estamos con-

tinuando el trabajo para la exposición Broken Nature en la Triennale, y ahora estamos trabajando más en tratar de encontrar realmente... ¿cómo podrías decirlo, Simone? Una metodología ɔpre- **SF** sentar la investigación de forma decente y ampliarla, estructurarla más, hacer otro video ⁽ˢⁱʳᵛᵉ ᵛⁱⁿᵒ⁾¿sobre que dirías qué es? es so- **JB SF** bre los residuos electrónicos y ~~~ bueno, empezó como una investigación sobre los recursos y la transformación de los recursos en un producto acabado y un producto acabado en un buen un buen ¿producto? ~~ Australia es uno de los... pocos países del primer mun- do cuya economía se basa en gran medida en la extracción, y en realidad al principio partimos de ahí. Y luego, debido a cómo se desarrolló la investigación, no nos centra- mos realmente en la extracción del sub- suelo, sino más bien en la minería urbana o en la minería de superficie, porque mu- chos recursos provienen de ahí; y luego empezamos a centrarnos en los residuos electrónicos porque, bueno **AT** ~es lo que más rápido crece como re- **SF** siduo... Sí, y además, porque además son cosas que se usan y ven todos los días ~

MLSD[1]

y entonces de eso se trata el trabajo ~ la investigación se dividió en entender precisamente cómo funciona (y no funciona) el reciclaje electrónico ~ y por otro lado también produjimos una serie de objetos que de alguna manera reflejan algunos de los temas   entonces los objetos en sí son para crear conciencia o una representación de la investigación. No. Absolutamente no, eso es lo que piensan, la gente entiende la investigación y luego dicen "aha.." pero no funciona de esa manera ~ trabajan de una manera completamente diferente. De hecho son resultados de la investigación, hay animaciones y videos, se proponen estrategias,   incluso muy simples, para hacer estas cosas más reciclables. En cambio, los objetos reflexionan
 sobre otras ideas. Por ejemplo, decidimos trabajar en muebles de oficina en lugar de muebles para el hogar, porque pensamos que había un paralelismo en cómo ~ hicimos cosas en referencia a Cubicon , el archivador y cosas así ~~ había un paralelismo en cómo ~ incluso el trabajo ha sido diseñado en términos de funcionalidad y eficiencia y cómo los recursos también se gestionan ~~ trazamos ese paralelo y el

JB

SF

resultado también se producen con materiales que provienen de fuentes recicladas, pero no lo ves porque son paneles de aluminio muy planos, pero al final utilizamos elementos de objetos reciclados de manera que sirvan como piezas o materiales en el objeto.   Así que para nosotros era una forma de hacer una pequeña diferenciación no jerárquica... entre lo que es un teléfono y lo que es una pieza de material a medio terminar. En el sentido de que si el teléfono ya no funciona, lo llamamos basura o residuo, pero sigue siendo una pieza de material. Y es la forma en la que los incorporamos a los objetos,

un material en transición sí, un material en transición. En qué etapas pueden convertirse en cosas diferentes. Hay algunas partes que se bañan en oro ¿es ese el valor del proyecto para ti? esa exposición no jerarquizada de El valor de la obra son los objetos y lo que son. Y la forma en que se han diseñado está informada por algunas de estas ideas, pero no son una ilustración de la obra. Ni siquiera comunican la obra. Se mantienen en pie por sí mismos. Sí, se mantienen por sí mismos. De hecho, realmente espero

JB SF

LM

SF

JB

SF

AT

MLSD[1]

que el trabajo ahora ~~ tenemos que trabajar especialmente en el lado de la comunicación ~ porque creo que realmente tenemos que dejar claro cuáles son las dos partes. En realidad, también, el proyecto tiene un nombre ahora, pero creo de nuevo que debemos tener dos nombres para el proyecto. Uno se refiere mucho más a la parte del objeto y otro está mucho más relacionado con la investigación. La animación y, digamos la estrategia, que haríamos para la

SF siguiente parte del proyecto **seguro que no queríamos que el objeto se convirtiera en una herramienta de comunicación. El museo lo propuso así. Como si fueran piezas de conversación. Pero no son malditos temas de conversación, son objetos y funcionan como objetos, tienen su propia dignidad, tienen su propia, ya sabes, naturaleza, pero están influenciados por algunas de las ideas de la investigación, no**

AT obstante, ¡tienen su propia naturaleza! El problema también es cómo se presentan

SF ¡sí! el problema es que no ha habido diferentes formas de contar ciertos trabajos. Probablemente debería haber más escritores de diseño que tengan la capacidad

de ver estos diferentes matices en la relación entre la investigación y el resultado
¿Cuánto instinto pones en eso? ¿O in- LM
tuición? ¿intuición? Uh… no AT
s**éno le mientas, ¡¡vamos!!** :D :D :D :D :D SF (todos)
depende para que parte ~~~ AT
¿crees que no? Sí, ¡claro! Creo que para SF AT
la parte de investigación **no, la parte de** SF
investigación no, es pragmática, sino el ob-
jeto sí, totalmente, me refiero a eso AT
        Creo que uno de los mejores con- SF
sejos que Louise nos dio en la DAE fue
"poned cosas unas encima de otras" :D :D :D (todos)
:D :D   **Era como "dejad que las cosas se**
comuniquen entre sí y ver qué pasa"
¡y creo que lo seguimos usando mucho! AT
~~~ ~~~ sabes que hay una película de Jack KK
Lemon, el Apartamento, creo ~~ en la que
él ha sido invitado a una fiesta en casa de su
jefe. Llega a casa del jefe, muy impresiona-
do, entra con él y se encuentran esta pequeña
escultura en el pasillo, una cosa hecha de blo-
ques negros :D :D :D :D :D y entonces él pre- (todos)
gunta - "¿Qué es eso?"- "bueno es una obra
de arte, es algo que mi mujer y yo adquirimos
el otro día".... y dice, estúpidamente - "¿no
debería haber algo encima de ella?".
:D :D :D :D :D El jefe dice "para nada, este obje- (todos)

MLSD[1]

(todos) to hace una declaración por sí misma" :D :D :D

:D :D   "Dos horas más tarde se escapa con la mujer de su jefe, se pone el abrigo y le dice a la mujer... "Esta cosa hace una declaración

(todos) por sí misma" :D :D :D :D :D - y la mujer dice

(todos) "¡no, debería haber algo encima!" :D :D :D :D

AT   :D   sí, sí, nos sen-

SF timos así   efectivamente, pero siempre es algo hermoso hacer objetos, hay algo en ello que es muy bello, por-

LM que ⁓ piensas a un nivel diferente sí,

(AT) y sin embargo llegas a entenderlo, a veces más adelante, usas tu intuición

pero esa es la cosa es esta hermosa relación, de alguna manera, en la que las cosas llegan a tener sentido y entonces

AT entiendes el sentido más tarde lo que me gusta de lo que has dicho antes, el hecho de que estés constantemente reescribiendo tu texto y que después de cinco años sigas cambiando el nombre de tus proyectos es que ves que vienen otros significados, es tan bonito cuando puedes hacer eso, que pasa porque el proyecto es bastante abierto.

     Lo que me gusta del proyecto que hicimos es que es absolutamente imperfecto y está bien así. Sabemos que

es imperfecto lo **¿qué quieres decir con** SF
que es imperfecto? pues ya sabes, está
un poco descompensado, no está bien
comunicado pero.... No me importa porque podemos volver a trabajar en ello.
También me gusta el hecho de que puedas tener un año y medio para trabajar
en un proyecto y luego puedas tener
la posibilidad de seguir trabajando en
él y ajustándolo. También está bien así,
es la apertura que a veces pueden tener los proyectos. Es inevitable eso, LM
que un proyecto nunca se cierre, estamos obligados por los plazos, la industria o la producción. La ecuación ha
de cerrarse, pero como creativo nunca
se hace, Rianne Makking me decía un
día: "Siempre estarás trabajando en las
mismas cosas, pueden parecer muy
diferentes pero sabrás cómo están co-
nectadas". **pero me gusta cambiar, cam-** SF
biar **porque como se trata del**
pensamiento sabes efectivamente, pero AT
puedes construir una narrativa que lo
conecteexactamente, puedes cambiar LM
el enfoque pero no cambiar profunda-
mente, pasar de la idea A a la B y luego trabajar en la C y tal vez volver a la

MLSD[1]

AT A y sigues moviéndote sí, creo que es así. Es decir, estéticamente hay muchas diferencias entre el trabajo que hicimos pero puedo enhebrar una narrativa que

LM los entrelace y esto vuelve a la referencia que hiciste sobre tu trabajo antes de la academia de diseño que te ~~~ no se si dijiste, enorgullece,

algo que de alguna manera pasó de un punto a otro, y al otro, y luego al actual. De alguna manera es una evo-

AT lución natural pero creo que también hay un momento en el que cambias tu forma de trabajar. Por ejemplo, nuestra graduación fue un punto en el que vimos un cambio, como un momento en el que pudimos decir: "Aquí se abre otro camino". De alguna manera el traba-jo anterior fue instrumental pero llegó un punto en el que pudimos decir: "Ok,

SF vamos a cerrar el capítulo" **casi ni nos**

LM **dimos cuenta del cambio pero pasó** ¿Puedes describir ese momento, el cambio?

SF Porque es bastante pivotante no sé, ¡fue cómo salir! como "ohhh", como emerger...

(todos)   :D :D :D :D :D   lo sentimos así, como que nos convertimos en nosotros mismos como diseñadores, con todas las

imperfecciones que tiene nuestro trabajo
~~ supongo que hay fuerzas externas   LM
que lo empujan ~~ tal vez una de tus
lecturas, sé que eres un ávido lector
lo era, de hecho lo era, ahora ya no, estoy   SF
cansado con el trabajo y todo pero las co-   LM
sas, en algún momento, ya sabes, a las
que te expones, resuenan en ti y luego
esas resonancias

{claxon de coche}

acaban haciendo su propia cacofonía
de pensamientos que empieza a reso-
nar en el trabajo que haces **Absoluta-**   SF
mente, absolutamente ~~
bastante bien dicho pero lo que aprendí con   (KK)
el tiempo es que lo que estás leyendo ahora
sólo lo aprendes dentro de tres años, que es
lo mismo que pasa con los objetos. Lo que
quiero decir es que a veces infravaloramos
la pausa que se necesita en la educación.
Lo que aprendes en un momento determi-
nado todavía no lo estás aprendiendo de
verdad, no es hasta que lo digieres que las
ideas se hunden realmente en tu cabeza, así
que en ese sentido hemos tenido la suerte
de que nuestro proceso de graduación ha
sido el que realmente nos ha convertido en
nosotros mismos. Creo que el proceso de

MLSD[1]

aprender generalmente es aprender y desaprender, lleva mucho tiempo, y creo que es donde ser dos nos ayudó mucho. Porque podíamos ~~ algunos mentores se quejaban de que no les escuchábamos, ¡pero no era en absoluto cierto!, sino que tomábamos

KK nuestras propias decisiones eso es interesante... siempre sentí que los alumnos que no te escuchan realmente son los más prometedores porque hay algo que pasa en su propia mente. El resto son los que dicen "¿qué es lo que la academia o la institución espera de

(LM) SF mí?¡sí! pero también los buenos estudiantes son los que escuchan los consejos, para luego tomar decisiones por encima de ellos.

KK El momento divertido es siempre cuando das un consejo y ellos dicen: "¡Esto es exactamente lo contrario de lo que me dijo Gijs la semana pasada!". Así que, bueno... déjame que piense en otra cosa entonces.

LM Es como ese cómico que dice que los consejos son como el chicle .... se lo das a los demás pero ya está insípido porque lo has masticado antes. "Esta es mi experiencia y ya te la doy mascada".

SF A veces con los alumnos pienso mucho ~~ creo que lo hacía con vosotros cuando nos conocimos ~~ ahora tiendo a hacerlo un poco menos, pero en general pregunto de antemano cuál es el consejo que ya les han dado ~ No para adaptarme a los consejos, sino para saber también cuál es su opinión sobre la crítica dada y tratar de ver lo que ellos y tú entendéis en relación a eso. ~~~ Ahora son sólo diez o doce estudiantes, KK cuando tenemos más de treinta es cuando te olvidas también está el estado temprano de SF los conceptos, cuando hay una especie de blandeza que piensas.... "vale, vale, no sé realmente qué decirte todavía" piensas en LM el factor de crecer, de maduración, en un concepto de la investigación inicial y del trabajo, en un concepto a lo largo del tiempo ~~ al principio se permite esa intuición e ingenuidad inicial y de alguna manera después de trabajar e investigar mucho no te puedes permitir más ingenuidad sí, esto es cierto, por eso SF es importante tener tiempo para desarrollar el trabajo ~~ lo que decía antes de tener tiempo de trabajo, dar distancia, aprender y desaprender antes de que te quedes estancado ~ que es lo normal, ~ es otro momento natural y simplemente te liberas de ello   o te acostumbras a ello LM sí, efectivamente, pero llega un momento en SF

MLSD[1]

que se pasa a través ~~ has recogido todo el conocimiento a través de la investigación y tienes que encontrar tu camino. ¿Cuál es tu perspectiva personal? ~ Creo que tiempo es lo que realmente se necesita. Y también el saber que en cierto momento el instinto se alinea, te cansas de ello y dices "a la mierda", y de repente te liberas de toda la carga y de repente tiene más sentido. Tuvimos también muchos momentos de atasco en nuestro último proyecto, y seguíamos pensando que todas las ideas que teníamos eran demasiado ilustrativas o demasiado

LM banales, simplemente ocurre hay un bello ensayo sobre lo banal, ¿es de Mendi-
SF LM ni?... bello... ¡sí! bello ~~~ ~~~ entonces, vale ~~ ¿trabajáis con *briefs*? ¿Hacéis el vuestro, propio? ¿Es algo que os gusta?
AT SF sí, lo hacemos **de hecho estuvimos ha-**
AT **blando de eso hace poco** hacemos nuestros propios *briefs*, pero se van hacien-
LM do viejos ¿qué conversación tuvisteis
SF AT sobre eso? **con las empresas** en realidad estábamos hablando de los *briefs* de las empresas, no siempre nos gustan los *briefs*, ya sabes, cuando trabajamos con un enfoque más tradicional por ejemplo, o con empresas más establecidas

como Flos o Cassina o lo que hicimos para Magis •• fue más fácil trabajar con ellos porque, con el catálogo y a través de la conversación con los propietarios o viendo su producción, en cualquier caso te formas tu propia idea de la empresa **sí, de alguna manera formulas tu** SF **propio _brief_, conoces su producción, tienes la historia de la empresa, básicamente tienes un contexto claro** mientras que, AT por ejemplo, estamos trabajando para una de estas nuevas marcas, una sueca. Hacen cosas muy bonitas pero el catálogo es tan anónimo en cierto modo •• no son dueños de la producción, no desarrollan el trabajo dentro de la empresa, producen en China probablemente, así que es muy difícil relacionarse con ellos. Hicimos algunas propuestas, nunca hacemos propuestas de esa manera, pero esta vez quisimos intentarlo y por supuesto escribieron este loquísimo correo electrónico diciendo que "no tenía el efecto wow, y entonces" **¿el efecto wow?** KK AT sí, el efecto wow... esto es bueno para ti, puedes escribir sobre eso seguro. Sí, sí, el efecto WOW... estábamos como... vale, interesante, preguntamos qué querían

MLSD[1]

SF · decir con eso. Ya sabes, dijimos que tienes que escribir un *brief* entonces En realidad, no creo que fuera nuestro trabajo

(KK) · más fuerte seguro pero también creo que era algo. En ese momento, pensamos en enviar algo, algo vistoso y bonito pero luego dicen: "no es suficiente" y tu dices "¡oh tío... incluso

(todos) · aquí!" :D :D :D :D :D

KK SF · ¡supera esto! Sí que le dedicamos tiempo, pensamos que era algo diferente a lo que hacen pero que seguía teniendo sentido, pero luego cuando recibimos sus comentarios pensamos que eran completamente ilegibles para nosotros. Realmente no los entendimos, y es ahí cuando necesitas un resumen. Preguntamos más de una vez y su conclusión en el correo electrónico fue: "esta es una lista de cosas que se me pasan por la cabeza en este momento". Les contestamos diciendo: "eso no es un *brief*". Esto es un gran problema, si la empresa no sabe lo que quiere y esperan que tú lo averigües y ellos digan "esto sí, esto no, esto sí"... eso es un desastre

LM · bueno, eso es bastante complicado también, ¿no? Si una empresa supiera lo que quiere, entonces ¿qué sentido

AT · tiene contratarte? ¡Depende de cómo lo

89

hagas! **Eso es diferente... puede que sepas** SF
~~~ **no, ¡eso no es cierto!** ~~~ ~~~ Estoy KK
de acuerdo ~~ hay un muy buen documental
sobre el Museo Stedelijk eligiendo un nuevo
estilo para la casa ~ el anterior al actual ~ y
te explica que habían cinco personas sentadas
alrededor de una mesa, cada una presentando
su trabajo, e Irma Boom incluida, presentando sus cosas ~~ y el grupo no tenía ni idea
de lo que quería. Así que van y eligen la más
mierda ~~ algo de esta persona francesa
eso es porque era francesa SF
:D :D :D :D :D (todos)
desconocida que ni siquiera sabía escribir la KK
palabra Stedelijk correctamente :D :D :D :D :D (todos)
y después ~~~ en el grupo hay un joven arquitecto, Mels Crouwel, de Benthem Crouwel
Architects, que resulta que su padre diseñó
el original ~ ahora suena un poco incoheren-
te, pero en aquel momento este arquitecto les
dijo: "Bueno, no deberíais hacer esto si no tenéis una idea de lo que queréis, al contrario,
no tiene sentido pedir a alguien que presente...." y podéis ver como la propuesta de
Irma Boom va al museo Rijks en su lugar :D (todos)
:D :D :D :D
yo veo realmente importante que una em- SF
presa o institución sepa lo que quieræn AT

MLSD[1]

realidad me gusta poner el ejemplo de Magis porque creo que es un tipo brillante, es verdad que el trabajo que hicimos nunca salió como queríamos, lo que sea, pero lo que me gustó fue la forma en que nos dió el *brief*. Te da un material o una técnica que quiere usar y la mayoría de las veces te da una pieza histórica que le encantaría

LM haber tenido en su colección ¿relacio-

SF nado con esa técnica material? no, más bien una tipología, y luego te explica por qué le gusta eso, e inmediatamente pienso "ok, lo entiendo", y sí llega a conocer bien a los diseñadores, y creo que él y Kontantín

AT Grcic pero también con los Bouroullec

SF ~~ sí exactamente y entonces va y comparte conocimientos u orientación como: "Mira esta técnica y mira esto". Y así sucesivamente, para que puedan hacer un gran trabajo juntos. Pero además, un *briefing* no significa que no puedas re-escribirlo, sino más bien que puedas entender qué es lo que la empresa está buscando y puedas decir: "en realidad, no creo que vaya a funcionar si estáis buscando eso". Pero tienes que saber lo que están pensando, de lo contrario es muy ~ creo que es muy común en las empresas italianas, generalmente dar un *briefing* muy abierto, porque existe esta idea, todavía, de la creatividad del diseñador como un gesto, ¿sabes? Un signo de LM autoría Sí, casi un enfoque extravagante, SF pero es una idea muy superficial ~~ Sólo podemos hacer eso con la luz en términos de diseño de productos Las lámparas tie- LM nen esa cualidad, de alguna manera. En el mal sentido, se puede decir que cualquier cosa a la que usted pone una bombilla se convierte en una lámpara, pero también tiene espacio para cual- quier tipo de expresión exactamente, es AT el único lugar donde podemos traba- jar con cualquier idea ~ bueno, no una idea ~ tu sabes ~ lo que quiero decir es algo así como hacerlo sin un con- cepto no hicisteis ninguna luz para este LM último proyecto, ¿verdad? No **No** ¿Por AT SF LM qué? Porque no tenía sentido en ese AT proyecto, estábamos pensando en tra- bajar en el sistema de iluminación para la oficina pero no, no se hizo **También** SF **probablemente seguiremos en el proyecto,** quién sabe... ¿Qué piensas de las luces, LM Koen? ¿Yo? Nada por el momento, real- KK mente... :D :D :D :D :D   No, no, tengo el (todos)

MLSD[1]

tipo de casa donde la gente viene diciendo: "Necesitas mejor la iluminación". Pero ya sabes, donde leo la tengo, así que no pasa nada.

AT reflexivo, ¡me encanta! siempre necesitamos una buena luz cuando trabajamos, es tan importante sobre todo

LM por la noche para ver bien bueno, eso es lo interesante, casi cualquier mueble tiene que ver con las superficies,

(AT) pero la luz no tiene materia si, ¡eso es lo bueno! Tu, Joel, estabas haciendo estas audioguías sonoras, en las que hablabas del hecho de que todo está hecho por superficies, ¿cierto? Superficies horizontales que contienen gravedad y en realidad la parte sin gravedad de la luz, lo inmaterial, es lo que la hace especial

SF y la convierte en luz ~ Es otro reino Hay

JB muchos libros sobre la luz. En realidad es lo que crea y define un espacio, la

AT luz. Sí, un espacio completamente va-

SF cío y una buena luz lo hace todo Pero, además, está el elemento tecnológico en ello, pero también la luz aporta lo inmate-

AT rial... Y tengo que decir que, en general, lo hemos visto también ~ por ejemplo con nuestra galería ~ la iluminación se

SF vende muy bien ¿DE VERDAAAAAAD?

93

¡Te gusta hablar de dinero hoy, eh! Hoy lo has mencionado continuamente: "y esto hace que el dinero"... En realidad estoy AT girando hacia la sección del dinero recientemente, pero es cierto: en general se vende más fácil. ¡Sí, es verdad! Sin SF LM duda, sí se vende más fácil ~ siempre hay espacio para una nueva lámpara ~ ¡trata de cambiar un sofá, sin embargo! Un sofá es un producto de por vida AT Efectivamente, no puedes cambiar mi sofá... KK ¡porque estoy en él! :D :D :D :D :D   pero (todos) mucha gente estaba en ese sofá... ¡¡Eso suena SF bien!!

:D :D :D :D :D Noooo, ¡es realmente deprimen- (todos)KK te!   :D :D :D :D :D (todos)

Estoy recibiendo correos electrónicos de KK Konrad últimamente. Estuvo en ese sofá muchas veces. ¿Quién? Konrad ¡Ah, Konrad! SF KK SF Se ha comprado una casa ¡Ah, escandinavos, KK SF siempre tienen dinero! ¡Ahora eres tú el LM que habla de dinero!

VPRO^(una emisora neerlandesa)tenía un documental KK una vez sobre, sobre personas de entre veinte, treinta y pocos años, donde había un tipo diciendo que sus padres habían insistido en la importancia de trabajar duro y acumular

MLSD[1]

una pensión, pero entonces ocurrió la crisis financiera, y ¡boom! - sus pensiones desaparecieron... Entonces dice "vamos a hacer las cosas de otra manera, vamos a vivir por ahí" y había tres tipos que tenían un barco, uno en condiciones. Un gran velero que llevaron a la República Dominicana y empezaron a importar ron y café desde allí. Y entonces piensas, mirándolos... "ok, esto nunca va a funcionar, el negocio nunca va a volar, ¿cómo pueden estos pueden vivir de eso?" Lo que ves en una entrevista con los chicos es que están en un bonito apartamento que les han proporcionado sus padres, y por pura envidia piensas: "Claro yo también podría hacer eso si tuviera el respaldo que ellos tienen..." ¿no? pero sería verdad. Todo es cuestión de celos y dinero

SF Cierto, en realidad es algo, especialmente en el diseño, es muy interesante hablar de dinero y diseño. Cuando empezamos a trabajar nos dimos cuenta de que la mayoría de los otros diseñadores de renombre eran bastante ricos. ¿No crees que suele ser el

AT caso? ¿Rico? Mmm, quiero decir que sí, quizás

SF No por su trabajo, cierto, sólo por-

KK Bueno, los diseñadores que todavía se ven por ahí, mientras que los otros Bueno, es

LM cierto que, digamos que los cimientos

de su carrera ~ donde están parados ~
son económicamente bastante sólidos.
Y así hay más espacio para hacer ex-
perimentación, digamos ~ O tienes un
"mecenas" *¿Qué es un mecenas?* Como   SF LM
los Medici. No sé la palabra en inglés
para eso... ¡Un sugar daddy! Una per-   AT
sona rica que te da dinero

                 :D :D :D :D :D   (todos)

Oooohh, voy a tener uno ahora...   KK
O construyes tus propios cimientos ~   LM
pero, una vez que construyes tu propia
base, estás tan atrapado en el bucle...
y te será difícil hacer algo de espacio
para tener un enfoque experimental ~~
o un trabajo más basado en la investigación ~ También tengo esa sensación
                        con algunos di-
señadores. Sí, es cierto, pero lo ves en to-   KK
das partes,

incluso con los estudiantes...

MLSD[1]

Pues sí. Es una especie de diversión ~ Hice una vez un viaje en un crucero caro a través del este del Báltico ~ cada vez que estábamos en Letonia o Lituania y dondequiera que construyeron un nuevo puente o algo, van y dicen: "Se construyó con dinero europeo" ~~ A mi me sale decir: "¡De nada!"

todos :D :D :D :D :D

SF **Es realmente como se supone que es, una**
KK **redistribución de la riqueza** ¡oh, guau!, bueno ese es un tema difícil del que podemos
LM hablar mañana sí, tema complejo
KK ~~~ Tengo este pequeño proyecto sobre un museo de la ciudad de Amsterdam

Estoy a cargo de ello ahora

AT ¿En serio? ¡Soy muy bueno limpiando!

AT KK Estaremos mañana, ¿estaréis en Japón mañana?
AT LM ñana? No, Londres ¿para el Festival de

Diseño? En realidad no, para la charla AT
del maratón de la Serpentine Gallery,
otra charla. Bueno, en realidad va a hablar él, no yo, son sólo son doce minutos, así que está bien, y voy a leer,
de hecho. ¿Recuerdas la regla de la radio? KK
No ¿cuál es? Cien palabras es un minuto, AT SF
de hecho son mil quinientas para mañana,
he estado practicando, en realidad ¿Practi- KK
cando? Sí, en realidad me está estresando SF
un poco, ¿sabes? ¿Quiénes van a estar allí? KK
¿Los Ulbrich y su equipo? Sí, y Yoko Ono AT
y Weiss y luego ~~ ¡oh, no! ~~ estábamos escribiendo el texto y estábamos
pensando   ¡tal vez deberíamos quedarnos en casa! Ya sabes
Bueno, estáis jugando con los grandes ahora KK
Sí, pero, no sé ~~ quiero decir, que es- AT
taba la cosa como para que dijéramos
que no ¿Cómo te sientes en esos con- LM
textos? ¡Bien!   ¿Retado? Sí, para AT LM SF
ser sinceros, lo interesante de la Serpentine
es que se interesan por el diseño, pero no
vienen de una perspectiva de diseño, por
lo que se crea un espacio interesante donde somos los únicos diseñadores ¿Sientes LM
que están dando cabida a eso? Lo están SF
haciendo, al menos parece que vamos a ha-

MLSD[1]

LM cer una exposición en 2020 ¿Es con Alice

SF Rawsthorne? **Ella está involucrada pero no directamente y es la tercera que hacen después de Martino Gamper y Konstantin Grcic, y creo que puede ser una gran oportunidad para nosotros, es una gran oportunidad para hacer una exposición allí. Sin embargo, de nuevo, se percibe que la institución está haciendo diseño pero vienen desde una perspectiva diferente y**

AT eso puede ser muy saludable, ya sabes, por lo que están empezando a sentir interés. Así que para el maratón hay como el maratón oficial y luego también organizan un maratón no oficial en la Serpentine ~ en vez de hacerlo en la Royal Geographical Society ~ donde hay más charlas de diseño, está Marina Otero lierando una charla con Troika... no me acuerdo de todos, pero hay más diseñadores involucrados. Así que creo que por fin empiezan a interesarse más

SF por el diseño bueno **¿Ya han pasado algu-**

AT **nos años e interés no?** Sí, pero ahora están haciendo que forme parte del proceso, no sólo que se interesen sino que se

LM exhiban Bueno, el interés también está ligado a la arquitectura, ¿no? Diseño y

arquitectura Sí, claro, diseño, arte y ar- AT
quitectura. Pero aún no tienen un pro-
grama para el diseño, ahora de vez en
cuando hacen una exposición, sí, pero
pienso que están caminando hacia eso.
¿Vuestros encargos provienen de este tipo de KK
eventos o encuentros? ¿Cómo os encuentra
la gente? No, en realidad por Internet, a AT
través de nuestro trabajo. Generalmente
son comisarios que trabajan en el mundo del diseño los que muestran interés.

Títulos De La Colección